머레이의
예수님처럼

머레이의 예수님처럼

저자 앤드류 머레이
역자 유재덕

초판 1쇄 발행 2015. 8. 4.
개정판 1쇄 발행 2019. 7. 17.

발행처 도서출판 브니엘
발행인 권혁선

등록번호 서울 제2006-50호
등록일자 2006. 9. 11.

서울특별시 송파구 백제고분로28길 25 B101호 (05590)
마케팅부 02)421-3436
편집부 02)421-3487
팩시밀리 02)421-3438

ISBN 979-11-86092-97-2 03230

독자의견 02)421-3487
이메일 editorkhs@empal.com

북카페 주소 cafe.naver.com/penielpub.cafe
페이스북 www.facebook.com/penielbooks
인스타그램 @peniel_books

도서출판 브니엘은 독자들의 책에 관한 아이디어나 원고를 설레는 마음으로 기다리고
있습니다. 책으로 엮기를 원하는 아이디어가 있으신 분은 위의 이메일로 간단한 개요와
취지, 연락처 등을 보내주십시오. 머뭇거리지 말고 문을 두드리세요. 길이 열립니다.

도서출판 브니엘은 갓구운 빵처럼 항상 신선한 책만을 고집합니다.

머레이의
예수님처럼

앤드류 머레이 지음 | 유재덕 옮김

The Best collection
of Andrew Murray

 브니엘

우리 그리스도인들은 복된 예수님의 모습을 닮아가도록 부르심을 받았다. 나는 이에 관한 책을 내놓으면서 두 가지를 강조하여 언급하고자 한다.

첫째는 하나님의 아들이신 예수님이 어떻게 인간의 삶 속에서 하나님이 바라시는 모습 그대로 사셨는지를 소개하고자 한다. 나는 예수님이 한없이 매력적인 분이라서 닮아가게 하고, 갈망을 일으키고, 사랑을 일깨우고, 소망을 불어넣고, 그리고 예수님을 본받고 싶어 하는 모든 사람의 믿음을 강건하게 하는 분으로 오롯이 묘사하고 싶다. 그리고 예수님을 영적으로 어느 정도 정확히 반영한 온전한 성도의 모습을 있는 그대로 묘사하고자 한다. 왜냐하면 그것은 우리가 일상에서 예수님을 닮아가는 게 더는 꿈이 아니라 성령의 능력으로 가장 복된 현실이 될 수 있음을 입증하는 일이기 때문이다.

내가 두 번째로 언급하고 싶은 것은 우리가 변화되어야 하는 복된 모습의 영광을 실제로 바라볼 필요가 있다는 점이다. 언젠가 실물 수업을 진행하다가 적잖이 충격을 받았다. 주일학교 아이들에게 그림 한 장을 보여주면서 잘 살펴보라고 말했다. 그러고 나서 눈을 감고 생각할 시간을 갖게 하면서 눈으로 본 것을 모두 기억하게 했다. 그리고 그림을 치우고 나서 아이들에게 기억나는 대로 말하게 한 뒤, 다시 그림을 보여주고 이전에 놓친 부분에 주목하게 했다. 또다시 눈을 감고 생각하면서 눈에 띈 게 더 있는지 말하게 했다. 그리고 그림을 낱낱이 기억할 때까지 계속 반복했다. 작은 눈동자들이 그림을 응시했다가 기억하기 위해서 눈을 질끈 감는 것을 아주 흥미롭게 지켜보면서, 그런 실물 수업 이상의 자세로 성경을 읽는다면 하나님의 말씀에 소개된 비가시적인 영적 실체가 우리의 내적 삶에 훨씬 더 강력하게 간직될 것이라는 생각이 들었다.

우리는 진리인 하나님의 말씀이 마음에 박혀서 뿌리내리도록 근본적인 영적 실체에 시간을 할애하기보다는 성경 말씀이 제시하는 개념에 너무 쉽게 만족하는 경향이 있다. 그래서는 안 된다. 우리는 말씀이 제시하는 개념보다 말씀이 의미하는 영적 실체를 볼 수 있어야 한다. 그러기에 우리는 예수님 안에서 하나님의 모습을 발견하고 거기에 순종할 수 있도록 말씀을 묵상하고 또 기억해야 한다. 어떤 특별한 특징이 우리의 생각을 사로잡을 때는 눈을 감고, 마음을 열고, 묵상하고, 기도하면서 성령의 역사를 받아들여야 한다. 하나님의 말씀이 우리 앞으로 주님을 모셔와 그 특별한 빛 속에서 실제로 복된 주님을 볼 수 있을 때까지 우리는 계속해서 말씀을 묵상하고 또 우리의 실체로 만들어야 한다.

우리가 알고 있는 예수님의 거룩한 아름다움이 우리 안에서 재현되는 그날까지 우리는 이 일을 반복해야 한다. 그리고 바라보고 또 바라보며, 예배하고 또 경배해야 한다. 우리가 예수님의 모습을 바라보면 볼수록 우리는 그만큼 예수님을 닮아가게 된다. 인간이신 예수 그리스도 안에 있는 하나님의 모습을 묵상하고, 그 모습이 우리를 사로잡아 우리가 예수님처럼 살고자 하는 거룩한 열망이 우리의 신앙을 온통 사로잡아야 한다. 이것이 바로 우리가 구속받은 목적이다. 이것이 바로 우리가 믿음의 삶을 살아가는 목적이다.

그러니 이제 나는 하나님의 영광을 전할 수 있게 이 책을 복된 주님의 자비한 손길에 맡긴다. 예수님을 닮는 삶처럼 아름답고 복된 일이 없음을 깨닫게 되기를 기도한다. 예수님과 연합하는 예수님을 닮는 삶이 실제로 우리를 위한 것임을 일깨워주시기를 기도한다. 그리고 매일 하나님의 말씀이 예수님의 모습에 관해 일러주시는 것을 들으면서 우리 모두가 이렇게 기도하는 은총을 누릴 수 있게 되기를 바란다.

"오, 나의 하나님! 하나님의 사랑하는 아들이 하나님 안에서, 하나님과 함께, 하나님을 위해서 지상에서 사셨듯이 저도 그렇게 살고 싶습니다."

글쓴이 앤드류 머레이

C·O·N·T·E·N·T·S
차 례

P·A·R·T·1

부르심에
합당한 모습으로

닮기 위해서는
--------------------------------- 거해야 한다

그의 안에 산다고 하는 자는 그가 행하시는 대로 자기도 행할지
니라. 요한일서 2:6.

우리가 예수님을 영접한 후 새 사람이 된 다음 새로운 삶에 뒤
따르는 두 가지 축복, 즉 예수님 안에 거하는 삶과 예수님처럼
걷는 삶이 본질적으로 같다는 게 위의 말씀 안에 드러나 있다.
예수님 안에 있는 삶의 결실은 예수님을 닮은 삶이다.

예수님 안에 거하는 삶이라는 첫째 표현은 낯설지 않다. "내 안
에 거하라. 나도 너희 안에 거하리라"(요 15:4)는 말씀 이후에
나오는 포도나무와 가지의 비유는 풍성한 교훈과 위로의 근원
이 된다. 그리고 비록 예수님 안에 거하는 삶에 대한 교훈을 제

대로 익히지 못한 것 같더라도, 우리는 다음과 같이 고백할 때 찾아오는 즐거움을 맛보게 된다. "주님, 당신은 모든 것을 알고 계십니다. 제가 당신 안에 거하는 것을 알고 계십니다." "복된 주님, 완벽하게, 그리고 끊어지지 않고 거하게 하소서."

예수님처럼 걷는 삶이라는 두 번째 표현은 첫 번째 표현 못지 않게 중요하다. 그것은 예수님 안에 거하는 삶에 나타날 엄청난 능력에 관한 약속이기 때문이다. 우리가 온전히 그분 안에 살겠다고 순종하면 예수님의 생명이 우리 안에 강하게 역사하셔서 우리의 발걸음(내적 삶의 외적 표현)은 예수님을 닮게 된다. 이 둘은 불가분 연결되어 있다. 예수님 안에 거하는 삶은 예수님처럼 걷는 삶보다 언제나 선행된다. 하지만 마찬가지로 예수님처럼 걷고 싶은 갈망이 예수님 안에 거하는 삶을 상당부분 앞서지 않으면 안 된다. 그제야 비로소 긴밀한 연합의 필요성이 구체화된다.

하늘에서 공급하시는 하나님은 언제나 값없이 충만한 자비를 내려주신다. 하나님의 계획에 따라서 우리의 영혼을 사용하실 준비가 되어 있기 때문이다. "너희도 내 계명을 지키면 내 사랑 안에 거하리라"(요 15:10)는 주님의 말씀은 이런 뜻이다. "나처럼 걷기로 순종하는 것이 내 안에 온전히 거할 수 있는 길이란다." 우리는 이것이 바로 예수님 안에 거하는 진정한 비밀이라는 사실을 알아야 한다. 예수님처럼 걷겠다는 생각으로 거하지 않으면 불가능하다. 사도 요한이 전하는 말씀은 두 개의 진리가 실제로 연결되어 있고, 서로 의지하고 있음을 바라보도록 우리를 초대하고 있다.

그것들이 가르쳐주는 첫 번째 교훈은 이것이다. 즉 예수님 안에 거하려는 사람은 예수님이 걸어가신 것처럼 걸어야 한다는 뜻이다. 우리는 포도나무에 가지가 붙어 있을 때 당연히 같은 종류의 열매를 맺는다고 생각한다. 포도나무와 가지의 생명은 너무 완벽하게 동일해서 그 생명이 나타나는 것 역시 동일해야 한다. 예수님이 보혈로 우리를 구속하시고 자신의 의로 우리를 하나님께 드린 것은 우리가 옛 성품으로 하나님을 섬기게 하기 위함이 아니셨다. 예수님 안에는 영원한 생명, 곧 하늘의 거룩하고 신성한 생명이 있어서 그 안에 있는 사람마다 거룩하고 신성한 능력 안에 있는 동일한 영적 생명을 받게 된다. 그래서 예수님 안에 거하면서 줄곧 영원한 생명을 받는 사람이라면 예수님처럼 걸어가야 한다는 주장만큼 당연한 것도 없다.

하지만 영혼 안에 있는 이 강력한 하나님의 생명은 알지 못하거나 내키지 않는데도 예수님처럼 행동하게 하는 맹목적인 힘이 아니다. 오히려 예수님처럼 걷는 삶은 의도적인 선택의 결과가 되어야 하고, 강력한 갈망과 확실한 의지를 갖고서 뒤따라야 한다. 이런 관점에서 볼 때 하늘에 계신 하나님은 인간의 삶이 처한 조건과 상황 속에 하늘의 생명이 주어지면 어떻게 되는지 예수님의 지상생활을 통해 보여주셨다. 그리고 동일한 목적으로 예수님은 우리가 예수님으로부터 새 생명을 받고, 그 생명을 더욱 풍성하게 받도록 그 안에 거하라고 요구하실 때 지상에서의 자신의 삶을 강조하셨다.

예수님은 우리가 자신처럼 걸을 수 있게 새 생명을 주신 것이라고 말씀하셨다. "나처럼 너희도 역시 행하라." 예수님의 이 말씀에는 자신의 지상생활 전체가 담겨 있고, 우리의 모든 행동에 대한 규칙이자 지침이 담겨 있다. 예수님 안에 거하면 우리는 그분과 다르게 행동할 수 없다. 간단하면서도 모든 것을 포함하고 있는 표현인 '예수님처럼'은 우리의 삶을 위해서 마련된 축복의 법칙이다. 우리는 예수님처럼 생각하고 말하고 행동해야 한다. 예수님이 그러셨던 것처럼 그렇게 살아야 한다.

두 번째 교훈은 첫 번째 가르침을 보충한다. 예수님처럼 걸으려고 하는 사람은 반드시 예수님 안에 거해야 한다. 이 교훈에는 이중적인 필요성이 존재한다. 일부는 예수님이 보여주신 모범을 뒤따르려고 진지하게 갈망하고 노력한다. 하지만 그들은 예수님 안에 진정으로 깊숙이 거하지 않으면 그것이 불가능하다는 사실을 알지 못한다. 그들은 그것을 가능하게 하는, 예수님 안에 거하는 것이라는 유일한 능력을 소유하지 못한 채 예수님처럼 살라는 높은 계명을 뒤따르기 때문에 실패하고 마는 것이다.

다른 이들은 정반대의 실수를 저지른다. 그들은 스스로의 약점을 알고 있어서 예수님처럼 걷는 것은 불가능하다고 생각한다. 그들은 실패를 예상해서 시도조차 하지 않는다. 하지만 우리가 예수님처럼 걷기 위해서는 그분 안에 거해야 한다. 그럴때 우리는 예수님처럼 걸을 수 있는 능력을 갖게 된다. 자신의 능력이 아니라 예수님을 통해서 말이다. 예수님은 우리의 약함속에서 자신의 능력을 온전히 발휘하신다. 나의 부족함을 뼈저리게 느끼고 예수님을 온전히 받아들여서 내 삶 전체와 연합하게 될 때 예수님의 능력은 오롯이 내 안에서 역사하게 된다. 그러면 내 능력의 한계를 완벽하게 넘어서는 삶을 살 수 있다.

예수님 안에 거하는 일은 특정한 시기의 문제가 아니다. 예수님의 지속적인 은총을 통해서 한순간도 끊어지지 않고 계속하는 일이며, 그리스도인의 삶을 실천하는 과정이라는 점을 깨닫기 시작하는 것이다. 그뿐만 아니라 전적으로 예수님을 모범으로 삼으려는 용기를 갖게 되는 것이며, 드러나지 않는 내적 연합을 자신의 행동과 태도에서 구체적으로 드러나게 하는 일이다.

그러므로 우리는 예수님 안에 거해야 한다! 그리스도인은 누구나 예수님 안에 존재한다. 그렇다고 해서 누구든지 예수님 안에 거하면서 그분의 영향력에 존재 전체가 의도적으로 즐겁게 순종한다는 의미는 아니다. 우리는 예수님 안에 거한다는 것이 어떤 의미인지 알고 있다. 그것은 우리의 영혼 전체로 생명이신 예수님의 존재에 동의하는 일이며, 우리의 삶을 구성하는 모든 일에 용기를 갖도록 그분을 의지한다는 뜻이다. 그리고 예수님이 우리를 다스리고 역사하시도록 모든 것을 완벽하게 포기한다는 의미이다. 그것은 매 순간 예수님이 우리 안에서 목표하는 뜻을 이루신다고 철저하게 확신하면서 그냥 잠잠히 거하는 것이다.

실제로 예수님처럼 걷고 싶어 하는 사람들은 누구든지 예수님이 누구신지, 그리고 예수님을 신뢰하면 직접 어떻게 모습을 보여주실지 생각하면서 용기를 얻어야 한다. 예수님은 참 포도나무이시다. 어떤 포도나무도 예수님이 하나님을 위해서 하실 수 있는 일을 가지들에게 제대로 베푼 적이 없다. 우리는 그냥 가지가 되기로 동의하기만 하면 된다. 예수님은 어떤 생각으로도 헤아릴 수 없는 참 포도나무이시고, 강력한 능력으로 우리를 붙잡아주시며, 끝없이 풍성하게 공급하신다는 것을 즐겁게 신뢰하면서 하나님께 영광을 돌리기만 하면 된다.

그러면 한숨과 실패가 아니라 다음과 같이 믿음의 소리로 반복하는 찬양을 거듭해서 듣게 될 것이다. "하나님께 감사하라! 예수님 안에 거하는 이는 예수님처럼 걷는다. 하나님께 감사하라! 나는 예수님 안에 머물고, 예수님이 걸었던 것처럼 걸을 것이다." 그렇다. 우리는 하나님께 감사해야 한다. 그리고 하나님의 구속을 받은 복된 삶에서는 예수님 안에 거하는 삶과 예수님처럼 걷는 삶을 따로 떼어놓을 수 없다는 사실을 절실히 깨달아야 한다.

* * * * *

복된 구세주 예수님이시여!

주님은 제가 "주님, 저는 당신 안에 머물러 있습니다!"라고 얼마나 자주 말씀드렸는지 아십니다. 하지만 가끔은 주님 안에서의 삶이 주는 즐거움과 능력을 제대로 느끼지 못할 때도 있습니다. 오늘 주님의 말씀을 통해서 저의 잘못이 무엇 때문이었는지 알게 되었습니다. 하나님의 영광보다는 제 자신의 위로와 성장 때문에 주님 안에 거하려고 했습니다. 주님과의 드러나지 않는 연합이 주님과의 완벽한 순종을 위함이었음을 제대로 알지 못했습니다.

복종하기를 원하시는 주님!

저는 주님처럼 하나님께 자신을 온전히 드려서 섬기고 복종하는 사람만이 거룩한 사랑의 결과를 모두 넉넉히 누릴 수 있다는 사실을 알지 못했습니다. 하지만 이제는 알게 되었습니다. 예수님처럼 살고 실천하기 위해선 자신을 포기해야 놀라운 생명의 능력을 제대로 경험할 수 있다는 사실을. 주님, 깨닫게 해주심을 감사합니다. 진심으로 주님의 부르심을 받아들이고, 주님처럼 걷기 위한 모든 것에 저를 바칩니다. 주님이 지상에서 행하신 모든 일을 그대로 뒤따르는 게 저의 유일한 바람입니다.

복된 주님이시여!

주님이 걸어가신 대로 걷는 일에 진정으로 헌신한 사람만이 주님 안에 제대로 거하는 은총을 누리게 됩니다. 오, 나의 주님! 제가 여기에 있습니다. 예수님처럼 걷고 싶습니다! 이것을 위해 진정으로 저를 바칩니다. 주님 안에 머물고 싶습니다. 이것을 위해서 믿음이 충만한 확신으로 주님만을 신뢰합니다. 제 안에서 완벽하게 역사하여주옵소서. 그리고 예수님처럼 걷는 것이 무엇인지 묵상하고 복된 진리를 굳게 잡을 때마다 성령님의 도우심을 넉넉히 받게 하소서! 주님 안에 거하니 주님처럼 걸어갈 수 있는 능력을 갖게 하소서. 아멘.

부르심에 합당한
------------------------------ 삶의 모습으로

내가 너희에게 행한 것같이 너희도 행하게 하려 하여 본을 보였노라. 요한복음 13:15.

이와 같이 말씀하신 분은 우리 영혼의 사랑스러운 구속자이신 예수 그리스도이시다. 직전에 주님은 종처럼 겸손하게 제자들의 발을 씻어주셨다. 그것을 통해 주님은 저녁식탁에서 빠졌던 섬김을 몸으로 직접 보여주셨다. 동시에 제자들의 죄를 씻어주시려고 자신이 행할 일을 상징적으로 탁월하게 보여주셨다. 이 이중적인 사랑의 실천으로 예수님은 자신의 전체 사역 중 중요한 한 가지를 모범으로 제시하신 것이다. 그러고는 자리에 앉으며 말씀하셨다. "내가 너희에게 행한 것같이 너희도 행하게 하

려 하여 본을 보였노라." 제자들은 예수님이 직접 행하고 보여 주신 모든 것을 그렇게 삶의 기준으로 삼아야 했다. "내가 너희에게 행한 것같이 너희도 행하라!"

예수님의 말씀은 역시 이 시대를 살고 있는 우리에게도 그대로 적용된다. 예수님이 죄를 씻어주신 것을 알고 있는 각 사람에게 주님은 죽음을 앞둔 이처럼 호소력 깊게 명령하셨다. "내가 너희에게 행한 것같이 너희도 행하라." 예수 그리스도는 실제로 우리가 그분의 행동을 목격한 대로 누구든지 행동하라고 요구하신다. 예수님이 우리를 위해서 행하셨고, 또 여전히 날마다 행하시는 것처럼 우리도 다른 이들에게 거듭 행해야 한다. 예수님은 스스로를 낮추고 용서하고 구원하시는 사랑으로 우리의 모범이 되셨다. 우리는 저마다 예수님을 모방하고 그 모습을 닮아가야 한다.

우리는 이와 같은 명령을 들을 때 그 즉시 마음속에 이런 생각을 떠올릴 수도 있다. '아! 정말이지 나는 예수님처럼 살지 못했어. 그렇게 살아야 한다는 것을 알지도 못했다고!' 그렇지만 예수님은 나의 주님이 되신다. 예수님은 나를 사랑하시고, 또 나는 주님을 사랑한다. 우리는 어떤 식으로든 예수님이 기대하시는 것과 다른 삶을 떠올려서는 안 된다. 우리는 예수님의 말씀에 마음을 열고 그분이 보여주신 모범에 시선을 고정시켜야 한다. 감당할 수 없는 거룩한 능력을 부여받아 이렇게 외칠 수

밖에 없을 때까지 말이다. "주님, 당신이 행하신 것같이 저도 그리 하게 하옵소서!"

일반적으로 앞서 행하는 모범의 능력은 두 가지 측면을 의지한다. 하나는 그것이 지닌 매력이고, 또 다른 하나는 모범이 되는 그 사람과의 개인적인 관계와 영향력이다. 우리 주님이 보여 주신 모범에는 이 두 가지 능력이 매우 강력하게 나타난다. "하나님의 영이 우리 눈을 열어서 독생자의 거룩하고 아름다운 모습을 보게 하소서!"

먼저 우리는 모범이신 예수님이 어떤 분인지 알고 있다. 온전히 영광스러운 하나님의 아들이시고 본성과 영광과 완전함에서 하나님과 하나이신 분이다. 그러기에 우리는 예수님이 지상에 계셨을 때를 한마디로 이렇게 정의할 수 있다. "이 생명이 나타내신 바 된지라. 이 영원한 생명을 우리가 보았고"(요일 1:2). 우리는 예수님 안에서 하나님을 볼 수 있다. 우리는 예수님 안에서 하나님이 이곳 지상에서 어떻게 행하실지를 보게 된다. 하늘나라의 아름답고 사랑스럽고 완전한 모든 것이 예수님 안에서 지상생활의 형식으로 우리에게 계시되었다. 만일 우리가 하늘나라에서 실제로 귀하고 영광스럽게 여겨지는 것을 보고 싶다면, 만일 우리가 진정으로 거룩한 것을 확인하고 싶다면 예수 그리스도를 바라보기만 하면 된다. 예수님의 모든 행동 속에서 하나님의 영광이 드러나기 때문이다.

하나님의 뜻을 따르는 예수님의 순종, 더할 나위 없이 비천한 종이 된 예수님의 겸손, 스스로를 포기하고 희생함으로써 드러난 예수님의 사랑을 바라볼 때 우리는 하늘나라에서 볼 수 있는 더할 나위 없이 놀랍고 영광스러운 일을 목격하게 된다. 하늘나라에서도 그보다 위대하고 영광스러운 것을 볼 수는 없다. 하나님이 예수님을 통해 우리에게 본받아 따르도록 보여주신 이와 같은 모범은 분명히 우리를 사로잡을 것이다. 당신은 "내가 너희에게 행한 것같이 너희도 행하게 하려 하여 본을 보였노라"(요 13:15)는 말씀을 들으면 거룩한 부러움과 말할 수 없는 즐거움 때문에 마음이 흔들리지 않는가?

이것이 전부가 아니다. 모범의 능력은 내재적인 탁월함뿐 아니라 그것을 가능하게 하는 개인적인 관계를 구성한다. 예수님은 제자들 앞에서 다른 이들의 발을 씻어주지 않으셨다. 예수님은 오직 제자들의 발만 씻어주고 나서 이렇게 말씀하셨다. "내가 너희에게 행한 것같이 너희도 행하게 하려 하여 본을 보였노라"(요 13:15). 여기서 "너희에게 행한 것같이 행하라"는 명령을 강조하신 점은 예수님과의 개인적인 관계를 의식하라는 뜻이다.

남에게 동일한 일을 해낼 수 있는 능력은 예수님이 나에게 행하신 일을 직접 경험할 때 나타난다. 예수님은 내게 행하신 것보다 더 많은 것을 행하도록 요구하지 않으신다. 그렇지만 그에 미치지 못하는 것도 바라지 않으신다. 그래서 "내가 너희에게 행한 것같이"라고 말씀하신 것이다. 예수님은 보여주신 것 이상으로 겸손한 종이 되라고 요구하지 않으신다. 벌레처럼 행동하도록 요구하셔도 이상한 일이 아니다. 하지만 이것을 바라지 않으신다. 예수님은 임금이신 자신이 행하고 보여주신 것을 행하고 보여주도록 요구하실 뿐이다.

예수님은 나를 사랑하고 축복하시려고 자신을 가장 낮게 하셨다. 예수님은 이것을 더할 나위 없는 영광과 축복으로 간주하셨다. 그리고 이제는 자신처럼 사랑하고 섬기면서 똑같이 영광과 축복에 참여하도록 초대하신다. 실제로 나에게 달려 있는 사랑, 그 사랑으로만 도달할 수 있는 겸손, 그리고 나를 씻어준 정화의 능력을 알고 있다면 우리는 이렇게 말하지 않을 수 없다. "그렇습니다. 복된 예수님, 예수님이 행하신 것같이 저도 그리하겠습니다!" 위대한 모범의 거룩한 사랑스러움과 위대한 모범을 보여주신 예수님의 거룩한 사랑스러움이 결합해서 예수님이 보여주신 모범을 그 무엇보다 매력적으로 만들었다.

여기에서 우리가 절대 잊어서는 안 될 중요한 한 가지가 있다. 그것은 예수님이 과거에 내게 베푸신 일을 회상하는 것이 아니라 예수님처럼 행동할 수 있는 능력을 주시려고 지금 내게 행하시는 일을 생생하게 경험하는 것이다. 예수님의 사랑은 현재의 실체가 되어야 한다. 그것을 통해서 예수님처럼 사랑할 수 있는 생명과 능력이 쏟아져 들어온다. 예수님이 나를 위해 행하신 일과 어떻게 행하시는지를 깨닫고, 내게 행하신 일을 우리는 다른 이들에게 행해야 한다. 그것도 지금 당장.

예수님은 "내가 너희에게 행한 것같이 너희도 행하라"고 말씀하셨다. 이 얼마나 소중한 말씀인가! 이 얼마나 영광스러운 모습인가! 예수님은 내 안에 거룩한 사랑의 능력을 보여주시고 다른 이들에게 그대로 반복하게 하신다. 우리는 예수님이 축복하시니 다른 이들을 축복할 수 있다. 예수님이 사랑하시니 다른 이들을 사랑할 수 있다. 예수님이 종으로 삼으시니 다른 이들의 종이 될 수 있다. 예수님이 구원하고 씻어주시니 다른 이들을 구원하고 씻어줄 수 있다. 예수님이 자신을 온전히 내주시니 다른 이들에게 나를 온전히 내줄 수 있다. 이처럼 우리는 예수님이 행하시는 일을 다른 이들에게 행할 수 있을 뿐이다. 그 이상은 전혀 할 수 없다. 내가 하는 일은 예수님으로부터 받은 것을 반복하고 보여주는 일이 전부이다.

더할 나위 없이 영광스러운 우리 주님을 닮도록 이렇게 부르시니 이 얼마나 놀라운 은총인가! 다른 이들을 위해서 해야 할 일을 우리에게, 또 우리 안에서 직접 보여주시고, 이런 부르심을 따르게 하시니 이 얼마나 놀라운 은총인가! 우리는 전심으로 예수님의 부르심에 기쁨으로 응답해야 한다. "그렇습니다. 복된 주님, 주님이 행하신 것같이 저도 그리 행하겠습니다!"

* * * * *

자비하신 사랑의 주님!

지금 찬양하고 기도하는 것 이외에 달리 무엇을 할 수 있겠습니까? 저는 온통 이런 놀라운 제안만 생각하고 있습니다. "다른 이들에게 흘러가도록 제 자신을 내놓으면 주님은 사랑과 능력을 남김없이 제 안에 계시하실 것입니다." 두렵고 떨리지만 크게 감사의 마음으로 경배하며 즐거움과 확신을 갖고서 제안을 받아들이며 고백합니다. "제가 여기에 있습니다. 주님이 얼마나 사랑하는지 보여주시면 그렇게 다른 이들을 사랑함으로써 주님의 사랑을 보여주겠습니다."

복되신 예수님!

이것을 실천할 수 있도록 두 가지를 허락해주소서. 성령님을 통해서 주님의 사랑을 제대로 보게 하소서. 그러면 주님이 얼마나 저를 사랑하시고, 저에 대한 주님의 사랑이 주님에게 얼마나 기쁨과 행복이 되는지, 그 사랑 안에서 주님이 스스로를 얼마나 완벽하게 허락하셔서 제게 필요한 모든 일을 할 수 있게 저의 소유가 되셨는지를 알게 하소서. 주님, 이것을 허락하셔서 주님이 저를 사랑하시고 저를 위해 사신 것처럼 다른 이들을 사랑하고 그들을 위해서 살아가는 법을 깨닫게 하소서. 그리고 저의 사랑이 얼마나 작은지 느낄 때마다 저의 작은 마음에서 비롯된 사랑이 아니라 저를 비추는 주님의 사랑으로 주님처럼 사랑하라는 명령을 완수해야 한다는 사실을 알게 하소서.

나의 거룩한 포도나무시여!

저는 주님의 가지입니다. 주님의 충만한 생명과 사랑은 은혜와 축복 속에서 저를 통해 주변 사람들에게 흘러갑니다. 동시에 주님의 모습을 제게 계시하시고, 제가 주님의 이름으로 다른 이들에게 보여줄 모습을 갖추도록 힘을 주시는 분은 성령님이십니다. 이런 믿음으로 감히 고백합니다. 주님, 주님이 제게 행하셨듯이 저 역시 그리 하겠습니다. 그렇습니다. 온전히 행하겠습니다. 아멘.

03

아들로서 먼저 섬기는
종이 되라

내가 주와 또는 선생이 되어 너희 발을 씻었으니 너희도 서로
발을 씻어주는 것이 옳으니라. 요한복음 13:14. 앉아서 먹는 자
가 크냐, 섬기는 자가 크냐. 앉아서 먹는 자가 아니냐. 그러나
나는 섬기는 자로 너희 중에 있노라. 누가복음 22:27.

앞장에서 우리는 예수님이 구속하신 이들에게 자신을 모범으로
따르도록 요구하시고 기대할 수 있는 권리에 대해 살펴보았다.
이제 우리는 예수님을 따라야 할 것이 무엇인지 좀 더 자세히
살펴보고자 한다. 우리가 제대로 이해하려 하는 것은 "너희도
서로 발을 씻어주는 것이 옳으니라"(요 13:14)는 말씀이다. 여기
서 핵심이 되는 세 가지 개념은 우리가 알고 있는 종의 모습, 그

런 섬김의 목적이 되는 씻어줌, 원동력을 제공하는 사랑이다.

첫째는 종의 모습이다. 마지막 저녁식사를 할 수 있는 만반의 준비가 되어 있었다. 관습대로 손님의 발을 씻을 수 있는 물도 마련되었다. 하지만 그 일을 감당할 종이 없었다. 서로 머뭇거렸다. 열두 제자 누구도 겸손하게 그 일을 감당하려고 하지 않았다. 식탁에서까지 그들은 앞으로 천국에서 누가 가장 큰 자리를 차지할지에 관심을 보였다(눅 22:26-27). 바로 그때 갑자기 예수님이 일어나셔서(그때까지 제자들은 식탁에 앉아 있었다) 옷을 걷어붙이고 수건으로 허리를 동인 채 그들의 발을 씻어주기 시작했다. 이 얼마나 놀라운 광경인가! 천사들도 깜짝 놀라서 바라보았을 것이다.

우주의 창조자이며 천군천사를 거느린 임금이신 예수님은 열둘 가운데 하나에게 발을 닦도록 시키실 수도 있었다. 하지만 우리 주 예수님은 직접 종의 자리로 내려가셔서 거룩한 손으로 흙이 묻은 발을 씻어주셨다. 예수님은 자신의 거룩한 영광을 완벽하게 알고 계셨다. 이에 대해 사도 요한은 이렇게 고백한다. "예수는 아버지께서 모든 것을 자기 손에 맡기신 것과 또 자기가 하나님께로부터 오셨다가 하나님께로 돌아가실 것을 아시고"(요 13:3). 하나님이 만물을 허락하신 그 손에는 평범하거나 부정한 것이 하나도 없었다. 일이 천하다고 해서 결코 사람까지 천해지지 않는다. 일을 명예롭고 존귀하게 하거나 더없이 하찮은 일에 가치를 부여하는 것은 바로 그 일을 행하는 사람이다.

사람들의 표현처럼 예수님은 아주 대단히 겸손하게 거룩한 영광을 추구하셨고, 그것을 통해서 진정한 축복의 길에 있는 교회의 머리가 되셨다. 하나님의 아들이신 예수님은 종이 되셨다. 예수님은 하나님의 사랑을 받는 아들로서 두 손에 만물을 허락받았기 때문에 그렇게 몸을 굽히는 것은 어려운 일이 아니셨다. 우리 주 예수님은 종의 모습을 취함으로써 그리스도 교회의 서열법칙을 제시하셨다. 그것은 은총 안에서 높아지려 하는 그만큼 즐겁게 모두의 종이 되어야 한다는 것이다. "너희 중에 누구든지 으뜸이 되고자 하는 자는 너희의 종이 되어야 하리라"(마 20:27). "너희 중에 큰 자는 너희를 섬기는 자가 되어야 하리라"(마 23:11). 하나님의 사랑스러운 아들이신 예수님을 닮으려는 의식이 높아지는 만큼 우리는 주변 사람들을 섬기려고 몸을 낮추어야 한다.

종은 언제든지 주인의 관심과 일을 걱정한다. 항상 주인이 기뻐하고 주인에게 도움이 되는 일만 생각한다. 예수님은 그런 삶을 사셨다. "인자가 온 것은 섬김을 받으려 함이 아니라 도리어 섬기려 하고 자기 목숨을 많은 사람의 대속물로 주려 함이니라"(막 10:45). 그래서 우리는 하나님의 자녀들 사이에 거하면서 모두의 종으로 살아야 한다.

만일 우리가 다른 이들을 축복하고 싶다면 명예나 관심이 아

니라 축복하는 일에만 관심을 갖고 겸손히 사랑할 준비를 해야
한다. 예수님이 제자들의 발을 씻어 보여주신 모범을 따라야 한
다. 좋은 천대를 받아도 부끄러워하거나 굴욕감을 느끼지 않는
다. 우리가 다른 이들을 자주 축복하지 못하는 이유는 은총이나
은사에서 그들보다 우월하거나 아니면 적어도 동등하다는 것을
과시하고 싶어 하기 때문이다. 우리가 주님께 복된 종의 심정으
로 다른 이들과 연합하는 법을 익혔다면 세상에 얼마나 큰 축복
이 되겠는가! 일단 이 모범이 그리스도의 교회 안에서 마땅히
있어야 할 자리를 회복한다면 예수님의 임재의 능력이 곧장 드
러날 것이다.

그렇다면 제자는 이렇게 낮아진 섬김의 정신으로 어떤 일을
해야 할까? 발을 씻어주는 것은 두 가지 의미를 포함하고 있다.
육체를 닦고 새로워지는 것과 영혼을 구원하는 일이다. 예수님
은 지상생활 내내 이 두 가지 일을 결합시키셨다. "맹인이 보며
못 걷는 사람이 걸으며 나병환자가 깨끗함을 받으며 귀먹은 사
람이 들으며 죽은 자가 살아나며 가난한 자에게 복음이 전파된
다 하라"(눅 7:22). 움직이지 못하고 온갖 질병에 걸린 이들의
경우처럼 육체에 대한 축복은 성령님께 드린 삶의 모형이며 언
약이었다.

예수님을 따르는 이는 "너희도 서로 발을 씻어주는 것이 옳으
니라"(요 13:14)는 명령을 받아들일 때 이것을 외면할 수 없게

된다. 외적이고 육체적인 일이 내적이고 영적인 삶으로 들어가는 문이라는 사실을 기억하면서 영혼 구원을 거룩한 사랑의 사역에서 일차적인 목적으로 삼게 된다.

하지만 동시에 매일의 삶과 관련된 작고 평범한 일들을 이미 준비된 사랑으로 섬김으로써 사람들의 마음으로 통하는 길을 찾으려고 노력해야 한다. 책망과 비난으로는 자신이 종이라는 사실을 보여주지 못한다. 어떻게 해야 돕고 섬길 수 있을지 줄곧 생각하고 있다는 사실을 매일의 삶 속에서 입증할 수 있는 방법은 친절과 호의뿐이다. 그럴 때 예수님의 제자가 어떤 모습이어야 할지 구체적으로 보여주는 증인이 된다. 이런 사람이 입을 열 때 능력이 나타나며, 듣는 이들의 마음으로 들어가는 입구가 드러난다.

그러고 나면 사람들의 죄와 그릇된 고집과 모순에 직면해도 낙심하지 않고 인내심을 가질 수 있다. 예수님이 얼마나 인내하셨고, 지금도 여전히 하루도 거르지 않고 씻어주신다는 것을 알기 때문이다. 하나님의 부르심을 받은 종은 사람들을 섬기고 구원하기 위해서는 가장 낮은 자리까지 허리를 굽히고, 필요하다면 다른 이들의 발에 절이라도 해야 한다는 사실을 절감해야 한다.

그렇게 사랑으로 섬기는 삶을 살게 하는 정신은 예수님에게서만 배울 수 있다. 사도 요한은 이렇게 말한다. "세상에 있는 자기 사람들을 사랑하시되 끝까지 사랑하시니라"(요 13:1). 사랑 앞에는 힘든 일이 전혀 없다. 사랑은 결코 희생을 거론하지 않는다. 사랑하는 이를 축복하기 위해서는 아무리 가치 없는 일이라 해도 기꺼이 모든 것을 포기해야 한다. 예수님을 종으로 만든 것이 바로 그 사랑이었다. 종의 위치와 사역을 그토록 복되게 해서 어떤 희생 속에서도 인내하도록 만들 수 있는 것은 바로 그 사랑밖에 없다.

우리는 어쩌면 배은망덕과 배반으로 되갚는 가룟 유다와 같은 이들의 발을 예수님처럼 씻어줄 수도 있다. 또 어쩌면 처음에는 "내 발을 절대로 씻지 못하시리이다"(요 13:8)라고 거절하다가 참지 못하고 "내 발뿐 아니라 손과 머리도 씻어주옵소서"(요 13:9)라고 말했던 베드로 같은 이들을 여럿 만날 수도 있다. 오직 하늘나라의 꺼지지 않는 사랑만이 예수님이 거룩한 모범을 보여주신 이 놀라운 사역, 곧 서로의 발을 씻어주는 일을 감당하는 인내와 용기와 지혜를 허락할 뿐이다.

그러기에 우리는 아들이 될 때 비로소 진정으로 종이 될 수 있음을 먼저 이해해야 한다. 예수님은 아들이었을 때 종의 모습을 취하실 수 있었다. 우리는 여기서 자발적이고 행복한 섬김의 비밀을 발견하게 된다. 우리는 사람들 가운데서 지극히 높으신 하나님의 아들처럼 걸어야 한다는 것이다. 어떤 대가를 치르더라도 세상에서 하나님의 영광을 보여주고 잃어버린 이들의 가슴에 사랑을 전하며 사는 삶이 얼마나 거룩하고 복된 삶인지 입증해야 한다. 그럴 때 비로소 우리는 종의 모습을 지닌 하나님의 아들이 될 수 있다.

우리 영혼의 사랑으로는 이것을 완성하지 못한다. 그러므로 우리는 예수님의 말씀에 귀를 기울여야 한다. "나의 사랑 안에 거하라"(요 15:9). 예수님이 얼마나 우리를 사랑하시는지, 그리고 예수님이 직접 사랑 안에 거하게 하실 수 있다는 것을 한 가지 바람으로 삼아야 한다. 온종일 예수님의 사랑이 씻어주고 깨끗하게 하며, 인내하고 축복하는 것을 경험하면서 우리 주님이 사랑하는 사람으로 매일 살아가야 한다. 우리에게 넘쳐흐르는 예수님의 사랑이 다시 흘러넘쳐서 다른 이들의 발을 씻어주는 모범을 뒤따를 때 말할 수 없는 기쁨을 느끼게 될 것이다.

그러므로 우리는 다른 사람들에게 사랑이 없고 겸손하지 않다고 불평하기보다는 예수님이 그들에게 부르심을 일깨워달라고 기도해야 한다. 예수님의 발걸음을 뒤좇고 예수님을 모범으로 삼고 있음을 세상이 깨닫도록 기도해야 한다. 기대만큼 신속하게 주변에서 결과를 확인할 수 없는 것은 더 간절하게 기도하라는 뜻이다. 적어도 하나님께는 우리가 예수님처럼 사랑하고 섬기는 일이 최고의 축복이고 즐거움일 뿐 아니라 예수님처럼 다른 이들에게 축복과 즐거움이라는 것을 이해하고 보여주는 사람일 수 있다.

* * * * *

섬기러 오신 예수님!

이런 복된 섬김의 삶을 살기 위해서 제 자신을 주님께 드립니다. 주님에게서 그것을 보았습니다. 종의 정신은 임금의 정신이고, 하늘로부터 내려오고 올라가며 하나님 아들의 영으로부터 나오는 정신입니다. 주님의 영원한 사랑이 제 안에 거하시면 제 삶과 다른 이들에 대한 제 삶의 언어는 주님을 닮아가게 됩니다.

종으로 오신 나의 주여!

영광스러운 하나님의 아들이신 주님은 우리 안에 거하시는 주님의 영이 얼마나 작은지, 이 종의 삶은 세상이 명예롭고 적당하게 생각하는 모든 것과 얼마나 상반된 일인지 알고 계십니다. 그렇지만 주님은 찾아오셔서 무엇이 옳은 일인지에 대한 새로운 교훈을 일러주시고, 영광스러운 천국에서 가장 작은 자가 되는 일의 영광과 섬김의 축복이 어떻게 간주되는지 보여주셨습니다. 새로운 생각만 주실 뿐 아니라 새로운 감정을 심어주시는 주님은 제게 주님과 같은 마음, 성령이 충만한 마음, 예수님처럼 사랑할 수 있는 마음을 주십니다.

완전한 사랑의 주님!

주님의 성령이 제 안에 거하십니다. 주님의 충만함이 저의 유업입니다. 성령님의 기쁨 속에서 주님처럼 될 수 있습니다. 주님처럼 섬기는 삶에 제 자신을 드립니다. 주님이 어떤 명성도 없이 종의 모습을 한 채 인간의 형상으로 겸손하게 나타나셨을 때 주님의 마음처럼 제 안에도 동일한 마음이 있게 하소서. 주님, 주님의 은총에 힘입어서 제게도 같은 마음을 주소서. 하나님의 아들인 제가 사람들의 종이 되게 하소서. 아멘.

보증보다 모범을
------------------------------------ 더 좇으라

이를 위하여 너희가 부르심을 받았으니 그리스도도 너희를 위하여 고난을 받으사 너희에게 본을 끼쳐 그 자취를 따라오게 하려 하셨느니라. …친히 나무에 달려 그 몸으로 우리 죄를 담당하셨으니 이는 우리로 죄에 대하여 죽고 의에 대하여 살게 하려 하심이라. 그가 채찍에 맞음으로 너희는 나음을 얻었나니. 베드로전서 2:21-24.

예수님이 보여주신 모범을 따르고 발자취대로 걸으라는 부름은 정말 소중하다. 그러다 보니 죄 많은 인간이 어떻게 하나님의 아들처럼 걸어갈 수 있는지 당연히 궁금해진다. 대개 사람들이 내놓은 대답은 현실적이다. 실제로는 그럴 수 없다는 것이다.

우리에게 주어진 명령은 이상적이고 아름답지만 결코 도달할 수 없다는 것이다.

그러나 성경이 제시하는 대답은 다르다. 우리가 그리스도와 형성하는 놀라운 관계를 소개하고 있다. 그리스도와의 연합은 우리 안에서 하늘나라의 생명을 있는 힘껏 자극하기 때문에 예수님처럼 살아야 한다는 주장이 정말 진지하게 제기될 수 있다. 그리스도와 그분의 백성들 간의 이런 관계를 실현하는 일은 예수님이 보여주신 모범을 진지하게 실천하는 사람이라면 누구나 필수적이다.

그렇다면 이 관계는 무엇인가? 이 관계는 삼중적이다. 인용한 본문에서 사도 베드로는 그리스도를 우리의 보증과 우리의 모범, 그리고 우리의 머리로 소개한다.

그리스도는 우리의 보증이시다. "그리스도도 너희를 위하여 고난을 받으사…. 친히 나무에 달려 그 몸으로 우리 죄를 담당하셨으니"(벧전 2:21,24). 보증이 되어주시는 그리스도는 우리를 대신해서 고난을 받고 죽으셨다. 우리 죄를 담당하시고 죄의 저주와 능력을 한꺼번에 깨뜨리셨다. 보증이 되어주시는 그리스도는 우리가 할 수 없는 일, 이제는 우리가 할 필요가 없는 일을 행하신 것이다.

또한 그리스도는 우리의 모범이시다. 어떤 의미에서 그분의 사역은 특별하다. 또 다른 의미에서는 그것을 통해서 예수님을 따라가야 한다. 우리는 예수님처럼 행동해야 하고, 살아야 하며, 고난을 받아야 한다. "그리스도도 너희를 위하여 고난을 받으사 너희에게 본을 끼쳐 그 자취를 따라오게 하려 하셨느니라" (벧전 2:21). 보증이 되시는 그리스도의 고난은 그분을 모범으로 삼아서 고난을 받도록 요구하고 있다.

그런데 이것이 합리적일까? 보증으로서 고난을 받으실 때 그리스도는 신성의 능력을 소유하셨지만 연약한 육신을 지닌 우리가 어떻게 그분처럼 고난받을 생각을 할 수 있겠는가? 베드로가 아주 가깝게 엮어놓은 보증으로서의 고난과 모범으로서의 고난이라는 이 두 가지 사이에는 건널 수 없는 간격이 존재하는 것이 아닐까? 아니다. 그 간격을 연결하고, 보증 되시는 그리스도와 모범 되시는 그리스도 사이를 연결하며, 보증을 모범으로 받아들여 그분처럼 살고, 고난을 받으며 죽을 수 있게 하는 그리스도의 사역이 지닌 세 번째 측면이 존재한다.

그것은 그리스도는 또한 우리의 머리가 되신다는 것이다. 이것은 그리스도께서 보증과 모범이 되신다는 근거이며 연합을 상징한다. 그리스도는 두 번째 아담이시다. 그리스도인으로서 우리는 영적으로 그리스도와 하나이다. 이 연합 덕분에 그리스도가 우리 안에 거주하시고, 그리스도께서 이루신 사역의 능력과 고난과 죽음과 부활의 능력을 갖게 된다. 로마서 6장에 나오는 그리스도인이 실제로 죄에 대하여 죽고 하나님에 대하여 살았다는 교훈은 이것을 근거로 한 것이다. 그리스도께서 사는 생명, 즉 죽음과 죽음의 권세를 통과한 생명이 그리스도인 안에서 역사한다. 따라서 그리스도인은 죽었고, 또 그리스도와 함께 다시 부활한 것이다. 베드로는 그것을 이렇게 설명한다. "친히 나무에 달려 그 몸으로 우리 죄를 담당하셨으니 이는 우리로 죄에 대하여 죽고 의에 대하여 살게 하려 하심이라"(벧전 2:24).

우리가 첫 번째 아담의 영적 죽음에 참여하여 실제로 그의 안에서 하나님에 대하여 죽은 것처럼 두 번째 아담에 참여하여 그분 안에서 실제로 죽었고 그분 안에서 하나님에 대하여 다시 살게 되었다. 그리스도는 우리를 위하여 살고 죽으신 보증, 살고 죽는 법을 보여주신 우리의 모범일 뿐 아니라 우리의 머리가 되셔서 우리와 하나가 되고, 그분의 죽음 안에서 우리가 죽고 그분의 삶 속에서 우리가 지금 살고 있는 것이다. 이것을 통해서 모범이 되는 보증을 뒤따를 능력을 얻게 된다. 우리의 머리가 되시는 그리스도는 보증을 믿고 모범을 좇는 일을 따로 구분할 수 없을 만큼 단단하게 결속시키신다.

이상의 세 가지는 하나이다. 세 가지 진리는 따로 구분하지 못한다. 하지만 너무 쉽게 구분이 이루어지기도 한다. 속죄를 믿지 않으면서도 그리스도께서 보여주신 모범을 따르고 싶어 하는 이들이 있다. 그들은 스스로에게서 예수님처럼 살 수 있는 능력을 찾지만 실속은 없다. 보증은 확실하게 믿으면서 모범을 무시하는 이들도 있다. 그들은 십자가의 보혈을 통한 구속을 믿지만 그것을 감당하신 그리스도의 발걸음은 외면한다. 사실 속죄에 대한 믿음이 기초가 되기는 하더라도 그것이 전부는 아니다. 그들은 진정한 성화를 외면하는 부족한 기독교를 믿을 뿐이다. 그들은 그리스도의 속죄에 대한 믿음과 함께 그분이 보여주신 모범을 따르는 일이 얼마나 절실한지 알지 못한다.

보증으로서의 그리스도와 모범으로서의 그리스도를 모두 받아들이지만 부족한 사람들도 있다. 그들은 보증이 되시는 그리스도께서 보여주신 모범을 제대로 따르지 않으면서도 능력을 기대한다. 그리스도께서 보여주신 모범을 실제로 따르는 방법을 제대로 알지 못한다. 그들에게 필요한 것은 성경이 그리스도를 머리로 소개하는 것에 대한 확실한 통찰력이다. 보증인은 나의 밖에 있는 누군가가 아니라 내가 그리스도 안에 있고, 또 내 안에 그리스도가 있는 것이라서 나는 예수님처럼 될 수 있다. 그리스도의 생명이 내 안에 살고 있다. 그리스도는 보혈로 나를 사셨고 내 안에 거하신다.

예수님의 발걸음을 좇는 일은 우리의 의무이다. 그것은 가능성이기에 머리와 지체 간의 놀라운 연합이 이루어지면서 자연스레 형성된다. 이것을 바르게 이해할 때 예수님이 보여주신 모범에 대한 복된 진리가 제자리를 찾게 된다. 예수님이 직접 자신의 생명을 연합함으로써 내 안에서 동일한 생명이 역사하게 되면 나의 의무는 분명해지고 영광스럽게 된다.

한편으로 우리는 예수님이 보여주신 모범을 바라보면서 그것을 알고 따라가야 한다. 또 다른 한편으론 예수님 안에 거하면서 내 안에서 그분의 생명이 역사하게 마음을 열어야 한다. 예수님이 나를 위해 죄와 죄에 따른 저주를 확실하게 물리치셨으니 내 안에서 죄의 영향력 역시 물리치실 것이다. 예수님이 죽음을 통해 시작하신 일을 내 안에서 그분의 생명을 통해 완벽하게 하실 것이다. 나의 보증은 나의 머리이기도 하기 때문에 예수님이 보여주신 모범은 내 삶의 규칙이어야 하고, 그렇게 될 것이다.

자주 인용되는 아우구스티누스의 기도가 있다. "주여! 당신의 계명을 허락하시고, 그리고 당신이 뜻하시는 바를 일러주소서." 그의 기도는 바로 이 대목과 잘 어울린다. 내 안에 거하시는 주님이 원하시는 바를 일러주시면 그보다 중요한 게 있을 수 없다는 것이다. 그러면 나는 그분이 보여주신 거룩한 모범을 있는 그대로 바라볼 수 있는 용기를 갖고, 그것을 삶의 규칙으로 받아들이게 된다는 것이다. 그것은 더 이상 내가 반드시 따라야 할 명령이 아니라 내가 따라야 할 약속이다.

우리가 실제로 예수님처럼 걸을 수 없다고 생각하는 것만큼 모범이신 그리스도의 능력을 약화시키는 일은 없다. 그런 생각에 귀를 기울여서는 안 된다. 하늘나라에서 예수님을 완벽하게 닮는 일은 지상에서 시작되고, 매일 성장하고, 그리고 삶의 흐

름 속에서 더욱 선명해진다. 우리의 머리가 되시는 그리스도께서 단번에 영구적으로 완수한 보증의 역사가 확실하고 강력한 것처럼, 여전히 활동하시는 예수님의 형상을 따라서 갱신이 이루어져야 한다.

이 이중적인 축복이 십자가를 두 배나 존귀하게 한다. 우리의 머리가 되시는 그리스도는 보증이 되시려고 고난을 받으셨고, 우리와 연합함으로써 우리의 죄를 담당하셨다. 우리의 머리가 되시는 그리스도는 모범으로서 고난을 받으셨고, 자신과의 연합 속에서 승리와 영광으로 인도하는 길을 보여주셨다. 고난받는 그리스도는 우리의 머리와 보증, 그리고 모범이 되신다.

* * * * *

귀하신 그리스도여!

주님이 보증이 되셔서 행하신 일을 제가 어떻게 감사하지 않을 수 있을까요? 주님은 죄를 지은 저를 대신해서 십자가에 달린 몸으로 죄를 감당하셨습니다. 그 십자가는 제가 감당해야 할 몫이었습니다. 주님이 짊어지셨고, 저와 같이 되셔서 십자가는 축복과 생명의 자리로 바뀔 수 있었습니다.

그리고 지금 주님은 축복과 생명의 자리인 십자가의 자리로 저를 부르십니다. 그곳에서 저는 주님처럼 되고, 주님으로부터 고난당하고 죄를 끝낼 수 있는 능력을 발견합니다. 저의 머리가 되시는 주님은 저와 함께 고난을 당하고 죽는 보증이셨습니다. 저의 머리가 되시는 주님은 제가 주님과 함께 고난을 당하고 죽는 모범이십니다.

귀하신 예수님!

제가 이것을 제대로 알지 못한다는 사실을 고백합니다. 제게는 주님께서 모범이 되시는 것보다 보증이 되실 때가 더 많았습니다. 주님이 저를 위해 십자가를 지신 것 때문에 정말 기뻐하면서도 주님처럼, 주님과 함께 십자가를 감당해야 한다는 사실을 제대로 알지 못했습니다. 제게는 십자가의 속죄가 십자가의 교제보다 더 소중했습니다. 주님의 구속에 대한 희망은 주님과의 인격적인 교제보다 더 소중했습니다.

사랑의 예수 그리스도여!

이것을 용서하시고 저의 머리가 되시는 주님과의 연합을 통해 행복을 발견하게 하시고, 주님이 모범보다 보증이 되시는 일을 더 많이 좇지 않게 하소서. 그리고 제가 주님을 따르는 법을 놓고 묵상할 때 저의 믿음이 더 강해지고 밝아지게 허락하소서. 예수님은 저의 생명이라서 저의 모범이 되십니다. 저는 예수님을 닮아야 하고, 또 닮을 수 있습니다. 예수님과 저는 하나이기 때문입니다. 복된 주님, 주님의 사랑을 위해서 이것을 허락하소서. 아멘.

자기를 부인하여
내려놓고

시선을 하나님께로
돌려라

부당하게 고난을 받아도 하나님을 생각함으로 슬픔을 참으면 이는 아름다우나 죄가 있어 매를 맞고 참으면 무슨 칭찬이 있으리요. 그러나 선을 행함으로 고난을 받고 참으면 이는 하나님 앞에 아름다우니라. 베드로전서 2:19-20.

사도 베드로는 예수님이 우리의 보증과 모범이 되시는 것을 아주 일상적인 일과 연계해서 무게 있게 말했다. 그는 당시 대부분이 노예였던 종들을 상대로 편지를 쓰는 중이었다. 그는 "범사에 순종"하라고 교훈했다(벧전 2:18). 선하고 온순한 것뿐만 아니라 엄격하고 잔인한 것까지도 말이다. 베드로의 편지처럼 누군가 잘못해서 벌을 받을 경우에는 그것을 인내해도 딱히 자랑할 것이 없다. 하지만 선을 행하다가 고난을 받고 인내하면 이것은 하나님께 아름다운 일이 된다. 그렇게 고난을 감당하는 일은 예수님을 닮는 것이다. 보증이 되어 우리의 죄를 담당하신 예수님은 사람들로부터 부당한 고난을 당하셨다. 우리 역시 모범이신 그분을 따라서 그릇된 고난을 감당할 준비가 되어 있어야 한다.

사랑하는 친구로부터 부당한 일을 당하는 것보다 감당하기 어려운 일은 거의 없다. 고통스러운 느낌뿐 아니라 굴욕감과 부당함, 그리고 스스로의 권리를 침해받고 있다는 생각이 들기도 한다. 우리에 대한 친구의 태도로부터 하나님의 뜻을 즉각적으로 파악하는 것은 쉬운 일이 아니다. 그러나 하나님은 진정으로 예수님을 모범으로 삼으려 하는지 확인하시려고 우리에게 그런 일을 허락하신다. 여기서 우리는 그 모범을 자세히 살펴볼 필요가 있다. 우리는 하나님이 우리에게 상처를 인내하며 감당할 수 있는 능력을 허락하신 것이 무엇 때문인지 예수님을 통해 배울 수 있다.

예수님은 고난을 하나님의 뜻으로 믿으셨다. 예수님은 성경에서 하나님의 종이 고난을 겪는다는 것을 발견하셨다. 그런 말씀에 익숙해짐으로써 고난이 찾아왔을 때 놀라지 않으셨다. 오히려 기대하셨다. 그렇게 함으로써 완전해진다는 것을 알고 있었기 때문이다. 그래서 먼저 고난을 벗어나는 것보다 그것을 통해서 하나님을 영화롭게 하는 법을 궁리하셨다. 덕분에 말로 다할 수 없는 불의를 조용히 감당하셨다. 그것으로부터 하나님의 손길을 확인하신 것이다.

당신은 그리스도인으로서 예수님이 실천하신 정신으로 그릇된 고난을 감당할 수 있는 능력을 갖고 싶은가? 그렇다면 어떤 일을 겪든지 하나님의 손길과 뜻을 깨닫는 데 익숙해져야 한다. 이 교훈은 우리가 생각하는 것보다 훨씬 더 중요하다. 매일의 삶에서 우리에게 크고 작은 잘못이 가해질 때 그런 행동을 한 사람을 판단하기에 앞서 이렇게 떠올려보라. "하나님은 영광을 받으시려고 이 어려움을 내게 허락하신 것이다." 이런 시련은 크든 작든 간에 하나님이 허락하신 일이고, 또 나를 염려하시는 하나님의 뜻이다. 먼저 그것으로부터 하나님의 뜻을 깨닫고 순종해야 한다. 그러면 영혼이 안정을 누리면서 시련에 어떻게 대처해야 하는지 알 수 있는 지혜를 얻게 된다. 시선을 사람에게서 하나님께로 옮기면 그릇된 고난은 보기보다 어렵지 않을 것이다.

우리 내부에는 하나님으로부터 오는 권리에 관한 천부적인 감각이 존재한다. 그런데 가시적인 세계에 거하는 사람은 자신의 명예가 바로 이곳에서 즉시 드러나기를 기대한다. 하지만 영원한 곳에 거하는 사람은 자신의 권리와 명예를 하나님의 손에 맡기는 것으로 만족한다. 하나님 때문에 안전하다는 사실을 잘 알고 있기 때문이다. 예수님이 그러셨다. 이에 대해 베드로는 이렇게 기록했다. "오직 공의로 심판하시는 이에게 부탁하시며"(벧전 2:23). 그것은 아버지와 아들 사이에 정해진 일이었다. 아들은 자신의 명예가 아니라 아버지의 명예를 염려했고, 아버지는 아들의 명예를 걱정하셨다. 우리가 이 대목에서 예수님이 보여주신 모범을 따르면 그런 안식과 평화를 누리게 된다. 그러기 위해서 우리는 권리와 명예를 하나님께 맡겨야 한다. 사람이 어떤 잘못을 저지르더라도 하나님이 지켜보고 관심을 갖고 계신다는 사실을 확실히 신뢰해야 한다. 공의로 심판하시는 하나님께 모든 것을 맡겨야 한다.

더구나 예수님은 고난당하는 사랑의 능력을 믿으셨다. 우리는 모두 사랑과 같은 능력이 있을 수 없다고 생각한다. 그러나 예수님은 그것으로 세상의 적대감을 극복하셨다. 다른 승리는 강압적인 굴복을 허락할 따름이다. 사랑만이 적으로부터 진정한 승리를 안겨주고 친구로 바꿔준다. 우리 모두는 이것을 실제 하나의 원리로 인정하면서도 실천하지는 않는다. 하지만 예수님은 그것을 믿고 그대로 행동하셨다. 예수님은 "원수 갚는 것이 내게 있으니"(롬 12:19)라고 말씀하셨지만 여기서 예수님이 말씀하신 보복은 원수를 친구로 만들어 발 앞으로 이끄는 사랑의 실천이다. 예수님은 침묵과 굴복, 고난과 불의를 감당함으로써 사랑이 승리를 거두기 때문에 명분을 획득할 수 있다고 믿으셨다.

그리고 이것은 역시 예수님이 우리에게 기대하시는 내용이다. 죄에 물든 우리의 본성상 거룩한 사랑의 능력보다는 힘과 권리를 더 크게 신뢰한다. 하지만 예수님처럼 되기를 바라는 사람은 여기서도 반드시 그분을 뒤따라야 한다. 예수님은 선으로 악을 이기려고 하셨다. 그러므로 우리는 다른 사람들이 불의를 행하면 행할수록 우리가 그들을 사랑하도록 부름을 받았다는 소명이 그만큼 더 커져야 한다. 잘못을 저지른 사람이 법에 따라 처벌을 받는 일이 당연한 경우에라도 개인적인 앙갚음이 결부되어서는 안 된다. 걱정하는 만큼 용서하고 사랑해야 한다.

기독교 세계와 교회가 예수님이 보여주신 모범을 따랐더라면 얼마나 달라졌을까! 욕을 먹은 사람이 "맞대어 욕하지" 않고, 고난을 당한 사람이 "위협하지" 않고, "오직 공의로 심판하시는 이에게 부탁"했다면 말이다(벧전 2:23). 이것은 문자 그대로 하나님이 우리에게 기대하시는 내용이다. 우리는 베드로의 기록을 거듭 묵상해야 한다. 그러면 다음과 같은 생각에 사로잡히게 될 것이다. "선을 행함으로 고난을 받고 참으면 이는 하나님 앞에 아름다우니라"(벧전 2:20).

평범한 그리스도인의 삶을 사는 우리가 구속받은 자로서 스스로의 소명을 직접 성취하려고 하면 예수님의 모습을 뒤따르는 삶은 불가능하다. 하지만 완벽한 복종의 삶을 사는 우리가 예수님의 손에 모든 일을 맡긴 채 예수님이 우리 안에서 모든 일을 행하신다고 확신하면 예수님을 본받는 일이 불가능하지 않다는 놀라운 생각을 하게 된다. "그 몸으로 우리 죄를 담당하셨으니 이는 우리로 죄에 대하여 죽고 의에 대하여 살게 하려 하심이라"(벧전 2:24).

예수님처럼 되고 싶지 않은가? 그리고 예수님이 우리를 대신해서 불의를 담당하신 것처럼 살고 싶지 않은가? 이것은 물론이고, 모든 일에 예수님을 따르는 삶 역시 놀라운 모습이 아닌가? 그것은 우리의 능력으로는 부족하다. 오직 예수님의 능력으로만 가능한 일이다. 스스로를 예수님께 날마다 복종시켜야만 그분이 기대하시는 모습이 될 수 있다. 예수님이 하늘에 거하시면서 자신의 발자취를 따르려고 하는 사람들에게 일일이 생명과 능력이 되어주신다는 사실을 믿어야 한다.

고난을 당하고 십자가에 달리신 예수님과 하나가 되기 위해서 복종하면 죄에 대하여 죽고 의에 대하여 산다는 것이 무슨 뜻인지 알게 된다. 그러면 예수님의 죽음 안에 있는 놀라운 능력, 곧 죄를 구속할 뿐만 아니라 그 권세를 깨뜨리고 부활을 통해 의에 대해서 살게 하는 능력을 즐겁게 경험하게 된다. 고난당하는 구세주의 발자취를 제대로 뒤따르는 일은 속죄와 구속을 위해서 고난당한 것을 제대로 신뢰하는 일과 동일하게 복되다는 사실을 깨닫게 된다.

예수님은 보증이 되시는 것만큼이나 모범으로서도 소중하시다. 예수님이 우리의 고난을 직접 감당하셨으니 예수님의 고난을 즐겁게 감당할 수 있다. 그리고 불의를 감당하는 것은 예수님의 거룩한 고난을 함께하는 영광스러운 교제의 일부분이다. 그것은 무엇보다 예수님의 거룩한 모습, 그리고 무엇보다 복된 진정한 신앙생활의 결실과 일치하는 영광스러운 표지가 될 것이다.

* * * * *

주 나의 하나님!

귀한 하나님의 말씀을 들었습니다. 누구든지 슬픔을 견디고 부당한 고난을 겪으면서 인내하면 이것은 하나님 앞에서 아름다운 일이 됩니다. 이것은 하나님에게 큰 기쁨이 되는 제물이고, 하나님의 은총만이 역사하시는 일이며, 하나님의 사랑스러운 아들의 고난과 그분이 남겨주신 모범의 결실이자 죄의 권세를 깨뜨린 능력입니다.

존귀하신 나의 아버지!

저와 하나님의 모든 자녀를 가르치셔서 하나님의 사랑스러운 아들의 복된 형상을 닮는 일 이외에는 그 무엇도 기대하지 않게 하소서. 주 나의 하나님, 이제 저는 저의 명예와 권리를 지키는 일을 완전히 하나님의 손에 맡기고 두 번 다시 떠맡지 않겠습니다. 하나님이 더할 나위 없이 완벽하게 맡아주실 것입니다. 하나님의 명예와 권리에만 관심을 갖게 하소서.

완전하신 하나님 아버지!

고난당하는 강력한 사랑에 대한 믿음으로 충만하게 하시기를 특별히 간구합니다. 고난당하는 하나님의 어린양이 인내와 침묵과 고난은 힘이나 권리보다 하나님은 물론이고, 사람에게 역시 더 큰 도움이 된다고 교훈하시는 일을 제대로 깨닫게 하소서. 나의 하나님, 나는 예수님의 발자취를 따라야만 하고, 또 따르고 싶습니다. 성령님과 하나님의 사랑과 임재의 빛이 저를 인도하시고 힘이 되게 하소서. 아멘.

날마다 십자가의
------------------------- 능력을 경험하라

내가 그리스도와 함께 십자가에 못 박혔나니 그런즉 이제는 내가 사는 것이 아니요 오직 내 안에 그리스도께서 사시는 것이라. 갈라디아서 2:20.

그러나 내게는 우리 주 예수 그리스도의 십자가 외에 결코 자랑할 것이 없으니 그리스도로 말미암아 세상이 나를 대하여 십자가에 못 박히고 내가 또한 세상을 대하여 그러하니라. 갈라디아서 6:14.

십자가를 지는 일은 제자직에 대한 시험이라고 사랑의 예수님은 늘 말씀하셨다. 다음의 말씀은 세 차례에 걸쳐서(마 10:38, 16:24, 눅 14:27) 동일하게 반복된다. "누구든지 나를 따라오려

거든 자기를 부인하고 자기 십자가를 지고 나를 따를 것이니라." 예수님이 계속해서 십자가를 향해 길을 가실 때는 이 표현('십자가를 지는 것')이 그분에 대한 복종, 즉 제자로서 마땅히 실천해야 할 일을 가리키는 데 그 어느 것보다 적절했다.

하지만 예수님이 십자가에 달리셨기 때문에 성령님은 또 다른 표현을 허락하셨는데, 거기에는 예수님에 대한 온전한 복종이 훨씬 더 강력하게 드러나 있다. 믿음을 가진 제자는 직접 예수님과 함께 십자가에 못 박힌다는 뜻이다. 십자가는 예수님의 것이기 때문에 그리스도인을 대표하는 표지이다. 십자가에 달리신 예수님과 십자가에 달린 그리스도인은 서로에게 속해 있다. 예수님을 닮는 대표적인 요소 가운데 한 가지는 그분과 함께 십자가에 달리는 것이다. 예수님을 닮고 싶은 사람은 누구든지 그분의 십자가와의 교제라는 비밀을 이해해야 한다.

예수님께 복종하려고 하는 그리스도인은 처음에는 이 진리를 두려워한다. 십자가의 죽음과 관계된 엄청난 고통과 죽음 때문에 주눅이 든다. 하지만 영적 안목이 더 밝아지면 이 말씀은 모두 희망과 즐거움으로 바뀌게 된다. 십자가를 자랑하게 된다. 십자가는 이미 성취된 죽음과 승리의 참여자가 되게 하고, 육신과 세상의 권세로부터 안전하게 구원해주기 때문이다. 이것을 파악하려면 성경의 내용을 조심스레 살펴보아야 한다.

사도 바울은 말한다. "내가 그리스도와 함께 십자가에 못 박혔나니 그런즉 이제는 내가 사는 것이 아니요 오직 내 안에 그리스도께서 사시는 것이라"(갈 2:20). 우리는 예수님에 대한 믿음 덕분에 예수님의 삶에 참여하게 된다. 그 삶은 십자가의 죽음을 통과한 삶이고, 그 삶에는 언제나 죽음의 능력이 역사하게 된다. 우리는 그 삶을 받아들이는 동시에 부단히 내 안에서 작용하는 십자가에서의 죽음의 권세까지 온전히 받아들여야 한다. "내가 그리스도와 함께 십자가에 못 박혔나니 그런즉 이제는 내가 사는 것이 아니요 오직 내 안에 그리스도께서 사시는 것이라."

이제 내가 사는 삶은 내 것이 아니다. 십자가에 달리신 분의 삶은 십자가의 삶이다. 십자가에 달린 일은 과거에 이루어진 일이다. "우리가 알거니와 우리의 옛 사람이 예수와 함께 십자가에 못 박힌 것은"(롬 6:6). "그리스도 예수의 사람들은 육체와 함께 그 정욕과 탐심을 십자가에 못 박았느니라"(갈 5:24). "그러나 내게는 우리 주 예수 그리스도의 십자가 외에 결코 자랑할 것이 없으니 그리스도로 말미암아 세상이 나를 대하여 십자가에 못 박히고 내가 또한 세상을 대하여 그러하니라"(갈 6:14). 이 말씀들은 모두 예수님 안에서 이루어지고 믿음 덕분에 받아들여진 특별한 일을 거론하고 있다.

내가 예수님과 함께 십자가에 못 박혔고, 육체를 십자가에 못 박았다는 진리를 이해하며, 과감히 고백하는 것은 무척 중요한 일이다. 그래서 예수님이 완성하신 사역에 얼마나 완벽하게 참여하는지 알게 된다. 예수님과 함께 십자가에 달려 죽으면 예수님의 삶과 승리의 동역자가 된다. 십자가와 죽음이 옛 사람과 육체를 억제하거나 죽이고, 죄의 몸을 없애는 데 직접 능력을 발휘할 수 있도록 자신을 온전히 드려야 한다는 사실을 깨닫게 된다(롬 6:6).

우리에게는 아직 해야 할 큰일이 있다. 그 일은 스스로를 십자가에 못 박는 일이 아니다. 이미 우리는 십자가에 못 박혔다. 옛 사람은 십자가에 못 박혔다고 성경은 말한다. 우리가 해야 할 일은 십자가에 못 박힌 것을 인정하고, 그렇게 처신하면서 고통을 피하기 위해 십자가에서 내려오지 않는 일이다. 이것을 제대로 이해하려면 한 가지 중요한 사실에 주목해야 한다. 그것은 우리는 십자가에 달려서 죽었지만 옛 아담은 십자가에 달렸으나 아직 죽지 않았다는 점이다.

십자가에 달리신 구세주께 죄와 육체와 우리와 관련된 모든 것을 바쳤을 때 그분은 우리를 있는 그대로 받으셨다. 우리의 악한 본성은 예수님과 함께 십자가에 달렸다. 하지만 여기서 한 차례 구분이 이루어졌다. 예수님과의 교제 덕분에 우리는 육체의 삶에서 풀려났다. 우리 자신은 예수님과 함께 죽었다. 새로운 생명을 받아서 우리 안에 그리스도께서 살고 계신다. 하지만 우리의 모습을 유지하는 육체, 즉 그리스도와 함께 십자가에 달린 옛 사람은 저주받은 죽음의 정죄를 받았으면서도 아직 죽지는 않았다. 그리고 이제는 예수님의 능력과 교제 덕분에 옛 성품이 십자가에 계속해서 못 박힌 것을 확인하는 삶이 우리의 소명이 되었다. 육체가 완전히 멸망할 때까지 말이다.

육체의 소욕과 애착은 한결같이 소리친다. "십자가에서 내려오라. 네 자신과 우리를 구원하라." 우리가 해야 할 일은 십자가를 자랑하고, 마음을 다해서 십자가의 지배를 유지하며, 선고받은 형벌을 인정하며, 이미 십자가에 못 박힌 죄악의 반발을 모두 제압하며, 그 영향력을 용납하지 않는 것이다.

성경 말씀 역시 이와 다르지 않다. 바울은 말한다. "너희가 육신대로 살면 반드시 죽을 것이로되 영으로써 몸의 행실을 죽이면 살리니"(롬 8:13). "그러므로 땅에 있는 지체를 죽이라. 곧 음란과 부정과 사욕과 악한 정욕과 탐심이니 탐심은 우상 숭배니라"(골 3:5). 그래서 우리는 육체 안에 선한 것이 조금도 존재하지 않는다는 사실을 계속해서 시인해야 한다. 우리의 주님은 십자가에 달리신 분이고, 우리는 그분 안에서 십자가에 매달려서 죽었다. 육체는 십자가에 못 박혔고 아직 죽지는 않았지만, 영원히 십자가의 죽음에 넘겨졌다. 그래서 우리는 진정으로 그리스도와 함께 십자가에 달렸고, 그분처럼 살고 있다.

예수님을 뒤따르는 우리가 십자가를 통한 주님과의 교제가 갖는 의미와 능력을 제대로 파악하려면, 특히 다음의 두 가지를 명확하게 이해해야 한다.

첫째는 십자가에 달리신 주님과 믿음으로 교제하는 것에 대한 분명한 의식이다. 회심의 순간에 우리는 제대로 알지 못한 채 교제에 참여하게 된다. 하지만 영적 지혜가 부족해서 평생 동안 무지한 사람들이 많다. 우리는 성령께서 우리와 십자가에 달리신 주님과의 연합을 일깨워주시도록 기도해야 한다. "내가 그리스도와 함께 십자가에 못 박혔나니"(갈 2:20). "그러나 내게는 우리 주 예수 그리스도의 십자가 외에 결코 자랑할 것이 없으니 그리스도로 말미암아 세상이 나를 대하여 십자가에 못 박히고 내가 또한 세상을 대하여 그러하니라"(갈 6:14). 이런 성경 말씀들을 찾아 기도와 묵상을 하면서 진심으로 그것을 자신의 것으로 삼고, 성령님이 살아서 역사하시도록 간구하며 기대해야 한다. 실제로 그리스도와 함께 못 박혔다는 것에 비춰서 스스로를 살펴야 한다.

그러면 우리는 십자가에 달렸지만 그 안에 그리스도께서 사시는 삶을 살 수 있게 하는 데 필요한 두 번째 것을 위한 은총을 발견하게 된다. 육체와 세상을 언제나 십자가에 못 박힌 것으로 바라보고 그렇게 대할 수 있다. 옛 성품은 계속해서 스스로를 주장하려 하고, 또 이 십자가에 달린 삶이 언제나 과도하게 기대한다는 느낌을 갖게 한다. 우리의 유일한 안전장치는 예수님과의 교제 안에 머무는 것이다. 사도 바울은 그리스도와 그분의 십자가를 통해 세상에 대하여 못 박혔다고 말했다. 십자가에 달림은 예수님 안에서 성취된 현실이 된다. 우리는 예수님 안에서 죽었을 뿐만 아니라 다시 살리심을 받았다. 예수님은 우리 안에 계신다.

이 십자가의 교제는 깊으면 깊을수록 그만큼 더 유익하다. 덕분에 예수님의 삶이나 사랑과 더 깊은 교감을 나눌 수 있게 되기 때문이다. 그리스도와 함께 십자가에 못 박히는 것은 죄의 능력으로부터 풀려났다는 뜻이다. 즉 구속을 받고 이겨냈다는 뜻이다. 성령님이 우리 안에서 그리스도께 영광을 돌리고, 그리스도 안에서 우리를 위한 모든 것을 계시하시며, 우리의 소유로 삼도록 특별히 준비하셨다는 뜻이다.

그러므로 우리는 다른 사람들처럼 속죄의 능력을 아는 수준에서 만족해서는 안 된다. 십자가의 영광은 예수님이나 우리에게 생명에 이르는 길이다. 하지만 십자가는 매 순간 죄와 죽음을 물리칠 수 있는 능력이 되고 영생의 능력을 간직하게 할 수 있다. 이것을 위해서 십자가를 거룩하게 활용할 수 있는 방법을 예수님에게서 배워야 한다.

십자가와 그것이 거둔 승리의 능력에 대한 믿음은 날마다 육신의 행위, 곧 육체의 정욕을 죽이는 것이다. 이 믿음은 십자가와 그에 따라 계속되는 자아의 죽음을 모두 자랑으로 여기도록 가르쳐줄 것이다. 십자가를 대할 때는 고통스러운 죽음을 떠올리면서 여전히 십자가의 길을 가는 것이 아니라 과거에 십자가에 달려서 이미 예수님 안에 살고 있고, 지금은 십자가를 육신이나 죄를 죽인 축복의 도구로 짊어지고 있을 뿐이라고 간주해야 한다(롬 6:6 참조). 왜냐하면 죄와 세상을 상대로 완벽하게 승리를 거뒀다는 상징이 바로 십자가이기 때문이다.

무엇보다도 여전히 중요한 일이 남아 있다는 사실을 기억해야 한다. 살아 계신 사랑의 구주가 되시는 예수님은 우리를 자신처럼 직접 만드실 수 있다. 예수님과의 달콤한 교제, 부드러운 사랑, 그리고 하늘의 능력은 십자가에 달리신 예수님처럼 되는 일을 축복과 즐거움으로 변화시킨다. 그것들은 십자가에 달린 삶을 부활의 즐거움과 능력의 삶으로 변화시킨다. 예수님 안에서는 두 가지가 불가분 결합되어 있다. 예수님 안에서는 언제나 승리의 노래를 부를 수 있는 능력을 갖게 된다. "내게는 우리 주 예수 그리스도의 십자가 외에 결코 자랑할 것이 없으니 그리스도로 말미암아 세상이 나를 대하여 십자가에 못 박히고 내가 또한 세상을 대하여 그러하니라"(갈 6:14).

＊ ＊ ＊ ＊ ＊

귀하신 구세주여!

주님의 드러나지 않는 영광스러운 십자가의 교제를 보여주시도록 겸손히 간구합니다. 십자가는 제가 죽고 저주받아야 할 자리였습니다. 주님은 우리처럼 되셨고 우리와 함께 십자가에 달리셨습니다. 그리고 이제 십자가는 축복과 생명의 자리가 되었습니다. 주님은 저를 부르셔서 주님처럼 되고, 또 주님과 함께 십자가에 달려서 십자가가 어떻게 죄로부터 전적으로 자유롭게 하는지 경험하게 하십니다.

사랑의 주님!

십자가의 능력을 모두 알게 하소서. 저주를 구속하는 십자가의 능력을 오래 전부터 알고 있습니다. 하지만 구속받은 자로서 죄의 능력을 이기고, 주님처럼 아버지께 순종하려고 얼마나 오랫동안 헛된 노력을 했는지 모릅니다! 저는 죄의 능력을 물리칠 수 없습니다. 하지만 주님의 제자는 오직 성령님의 인도대로 주님의 십자가 교제에 참여할 때만 그렇게 할 수 있다는 사실을 이제 알게 되었습니다. 주님은 십자가가 어떻게 영원히 죄의 능력을 깨뜨리고, 또 자유롭게 하는지 거기서 알려주십니다. 십자가에 달리신 주님은 우리 안에 사시고 죄를 물리치시며 극복할 수 있는 진실한 자기희생의 영을 베풀어주십니다.

오, 나의 주님!

이것을 더 잘 알도록 가르치소서. 이것을 믿는 저는 "내가 그리스도와 함께 십자가에 못 박혔다"라고 고백합니다. 죽기까지 저를 사랑하신 주님을, 십자가가 아니라 십자가에 달리신 주님을 따르기를 소망합니다. 십자가에 달리신 주님, 저를 받아주시고 단단히 붙들어주시며 매 순간 가르치셔서 모든 것을 비난받고 십자가에 매달려야 마땅한 일로 받아들이게 하소서. 매 순간 저를 받아주시고 붙잡아주시며 가르쳐주셔서 주님 안에서 거룩하고 축복이 넘치는 삶에 필요한 모든 것을 누리게 하소서. 아멘.

나의 나 된 것을
부인하라

믿음이 강한 우리는 마땅히 믿음이 약한 자의 약점을 담당하고 자기를 기쁘게 하지 아니할 것이라. 우리 각 사람이 이웃을 기쁘게 하되 선을 이루고 덕을 세우도록 할지니라. 그리스도께서도 자기를 기쁘게 하지 아니하셨나니 기록된 바 주를 비방하는 자들의 비방이 내게 미쳤나이다 함과 같으니라. …그러므로 그리스도께서 우리를 받아 하나님께 영광을 돌리심과 같이 너희도 서로 받으라. 로마서 15:1-3,7.

이에 예수께서 제자들에게 이르시되 누구든지 나를 따라오려거든 자기를 부인하고 자기 십자가를 지고 나를 따를 것이니라. 마태복음 16:24.

예수님조차 스스로의 즐거움을 위해 살지 않으셨다. 예수님은 하나님을 모욕하고 멸시하는 비난을 인내하셔서 하나님께 영광을 돌리고 우리를 구원하셨다. "그리스도께서도 자기를 기쁘게 하지 않으셨다." 하나님과 사람을 한꺼번에 거론하는 이 말은 예수님의 삶을 해석하는 열쇠가 된다. 여기에서도 예수님의 삶은 우리의 규칙이고 모범이다. 믿음이 강한 우리는 자신을 기쁘게 해서는 안 된다.

자신을 기쁘게 하는 것의 반대는 자기를 부인하는 것이다. 베드로는 예수님을 부인하며 말했다. "나는 저 사람을 알지 못합니다. 나는 그와 관계가 없고 관심도 없습니다. 그의 친구로 간주되고 싶지 않습니다." 마찬가지로 진정한 그리스도인은 자기, 곧 옛 사람을 부인한다. "나는 이 옛 사람을 모릅니다. 나는 그와 무관하고 흥미도 없습니다." 그리고 부끄러움과 수치가 찾아오거나 옛 성품에 기쁨이 되지 않는 일을 겪으면 그저 이렇게 말한다. "옛 아담처럼 마음대로 행동해도 개의치 않을 것입니다. 예수님의 십자가를 통해 나는 세상과 육체와 자기에 대해서 십자가에 못 박혔습니다. 이 옛 사람의 우정과 관심이 낯설기만 합니다. 친구로 인정하지 않습니다. 그의 모든 주장과 바람을 부인합니다. 나는 그를 알지 못합니다."

저주와 비난으로부터 받는 구원만 생각하는 그리스도인은 이것을 이해하지 못한다. 그는 자기를 부인하는 일이 불가능하다고 생각한다. 그렇게 하려고 노력할 때도 있지만 대개는 자기 자신을 기쁘게 한다. 하지만 예수님을 모범으로 삼는 그리스도 인은 여기서 만족해서는 안 된다. 예수님의 십자가와 더할 나위 없이 완벽한 교제를 위해서 자기를 포기해야 한다.

성령님은 예수님과 함께 십자가에 못 박혀서 죄와 자기에 대 해 죽었다는 고백을 하라고 가르치신다. 예수님과의 교제 속에 서 우리는 십자가에 달린 옛 사람, 곧 저주받은 범죄자를 보게 된다. 친구로 알고 있다는 것을 부끄러워한다. 더 이상 옛 성품 을 기쁘게 하지 않고 부정하는 일을 흔들림 없는 목표로 삼았 고, 또 그것을 위한 능력 역시 이미 받았다. 십자가에 달리신 예 수님 때문에 자기를 부정하는 일이 삶의 원칙이 된 것이다.

이런 자기부인은 삶의 전체적인 영역으로 확장되어야 한다. 예수님의 경우에도 그러셨으니 예수님을 온전히 따르려는 우리 역시 마찬가지다. 자기부인은 죄악과 불법을 범하고 하나님의 법에 어긋나는 일이 아니라 합법적이거나 확실하게 중립적인 것에 관심을 갖는다. 자기를 부인하는 영혼에게는 하나님의 뜻 과 영광이, 그리고 다른 사람의 구원이 자신의 관심이나 즐거움 보다 언제나 중요하다.

우리는 이웃을 즐겁게 하는 법을 알기 전에 먼저 자기부인을 개인적인 삶에서 실천해야 한다. 그것이 몸을 다스려야 한다. 우리 주님은 거룩한 금식을 하시면서 "사람이 떡으로만 살 것이 아니요 하나님의 입으로부터 나오는 모든 말씀으로 살 것이라"
(마 4:4)고 말씀하셨다. 그러고 나서 예수님은 아버지의 일이 완
수될 때까지는 먹지 않을 것이라고 말씀하시면서 우리에게 먹
고 마시는 일을 거룩하게 절제하도록 가르치셨다. 우리는 어디
에도 머리를 둘 수 없었던 예수님의 '거룩한 가난'으로부터 세
상의 것들을 소유하고 활용하고 즐기는 일을 절제하며, 언제나
절제하는 삶을 목적으로 삼아야 한다는 교훈을 얻게 된다.

그리고 우리는 십자가에 달린 몸으로 우리의 모든 죄를 담당
하신 '거룩한 고난'의 모범 덕분에 모든 고난을 인내하며 감당
하는 법을 배우게 된다. 성령님의 전인 몸으로도 주님의 죽음을
감당하려고 한다. 사도 바울처럼 자신의 육신을 부인하고 복종
시키며, 육신의 정욕을 예수님의 자기부인으로 다스리며, 스스
로를 기쁘게 하지 않으려고 한다.

이 자기부인은 또한 자기 영을 줄곧 살핀다. 믿는 이들은 스
스로의 지혜와 판단을 하나님의 말씀에 복종시킨다. 하나님의
말씀과 성령님의 교훈에 자기의 생각을 맞춘다. 사람을 상대할
때 듣고 배울 수 있는 자세로 자기부인을 그대로 실천한다. 자
신이 옳다는 것을 알고 있을 때조차 온유하고 겸손하게 자기 생
각을 제시하고 늘 다른 사람의 좋은 점을 찾아서 인정해주려고
한다.

그리고 자기부인은 특히 마음과 관계가 있다. 모든 바람과 갈

망은 마음의 영향을 받는다. 의지와 주권을 행사하는 영혼의 능력은 특별히 마음의 통제 아래 있다. 자기를 기쁘게 하지 않는 것처럼 사소한 일이 예수님의 삶의 일부가 되듯이 예수님을 따르는 사람은 자기부인을 삶의 일부로 삼아서 실천해야 한다. "자기를 기쁘게 하지 아니할 것이라. …그리스도께서도 자기를 기쁘게 하지 아니하셨나니." 자기부인은 삶의 법칙이다.

믿는 이들은 진정으로 자신을 굴복시킨 뒤에는 자기부인을 어려워하지 않는다. 두 마음을 품은 사람에게는 억지로 자기부인을 추구하는 삶이 정말 어려울 수 있다. 하지만 전적으로 자신을 포기한 사람이 누리는 축복은 눈에 보이는 희생과 손실을 보상하고 남을 정도이다. 죄와 자신의 능력을 파괴할 수 있는 십자가를 진심으로 받아들였기 때문이다. 자기부인을 더 이상 생각하지 않는다. 예수님의 형상을 닮아가는 삶이 커다란 축복이기 때문이다.

일부에서는 하나님이 자기부인을 대단하지 않게 여기신다고 생각한다. 상당한 고통을 안겨주기 때문이라는 것이다. 하지만 그렇지 않다. 이런 고통은 대부분 그것을 실천하기를 주저하는 데서 생겨난다. 그러나 예수님을 위한 희생을 당연하게 생각하면서 다른 이들이 자기부인을 말하면 당연한 일로 여기는, 온유하고 즐겁게 생각하는 자세는 무엇보다 소중한 것이다.

과거에 사람들이 미련 없이 광야로 떠나거나 스스로를 부정하고 은둔해야 한다는 생각을 하던 때가 있었다. 하지만 예수님은 자기부인을 실천하는 가장 좋은 장소는 사람들과 일상적으로 교제하는 곳이라는 사실을 보여주셨다. 사도 바울 역시 이렇게 말했다. "우리는 마땅히… 자기를 기쁘게 하지 아니할 것이라. 우리 각 사람이 이웃을 기쁘게 하되…. 그리스도께서도 자기를 기쁘게 하지 아니하셨나니"(롬 15:1-3). 자신을 기쁘게 하지 않으신 주님의 자기부인은 진정으로 우리의 법이 된다. 우리는 예수님처럼 되어야 한다. 예수님이 행동하신 것처럼 실천해야 한다.

이 법이 그리스도의 교회 안에 충만해지면 삶은 얼마나 영광스럽겠는가! 그리하여 성도들의 삶이 진정한 자기부인으로 이런 모습을 보인다면 얼마나 좋겠는가!

"저마다 다른 이들을 행복하게 하는 일을 삶의 목적으로 간주한다. 누구나 스스로를 부인하고, 자신의 몫을 추구하지 않으며, 다른 이들을 자신보다 낮게 여긴다. 기분이 상하고 자존심이 구겨지고 무시를 당하고 있다는 모든 생각이 사라진다. 저마다 예수님의 제자로서 이웃의 약점을 담당하고 그들을 기쁘게 한다. 누구도 스스로를 생각하지 않고 다른 사람들과 더불어 그들을 위해서 살아간다."

자기부인은 더 이상 스스로를 위해 완전에 도달하기 위한 노력이 아니다. 계속해서 자기를 억압하는 부정적인 승리도 아니다. 그것은 자신의 자리를 예수님이 대신 차지하셔서 예수님의 사랑과 온유와 자비가 다른 이들에게 흘러가 이제는 자신과 결별한 상태이다. 그리하여 다음의 말씀보다 더 복되고 자연스러운 일이 없게 된 상태이다. "자기를 기쁘게 하지 아니할 것이라. …그리스도께서도 자기를 기쁘게 하지 아니하셨나니." "누구든지 나를 따라오려거든 자기를 부인하고 자기 십자가를 지고 나를 따를 것이니라."

* * * * *

사랑의 주님!

주님이 자신을 기쁘게 하지 않은 것처럼 제 자신을 기쁘게 하지 않으면서 뒤따를 수 있도록 이렇게 불러주셔서 감사합니다. 과거처럼 두렵지 않게 부르심에 귀를 기울일 수 있으니 감사합니다. 주님의 계명은 더 이상 고통이 아닙니다. 주님의 멍에는 쉽고 짐은 가볍습니다. 제가 모범으로 삼고 있는 주님의 지상생활로부터 하늘나라에서 받을 보상을 확증받습니다. 그것을 언제나 그렇게 알지는 못했습니다. 주님을 안 지 이미 오래 전이지만 자기부인을 감히 생각하지 못했습니다. 하지만 십자가를 지고, 주님과 함께 십자가에 매달리며, 십자가에 못 박힌 옛사람을 바라보는 일이 무엇인지 배운 사람에게는 자기를 부인하는 일이 더는 대단한 일이 아닙니다.

오, 나의 주님!

십자가에 달려서 저주받을 죄인의 친구가 되기를 부끄러워하지 않을 사람이 누구이겠습니까? 주님이 저의 생명이라는 사실과 주님이 온전히 맡겨진 삶을 전적으로 책임지시고 뜻을 세워 일하게 하신다는 사실을 깨닫고 난 이후로는, 주님의 발걸음을 즐겁게 뒤따르는 자기부인의 길을 갈 때 사랑과 지혜를 허락하시지 않을까 크게 걱정하지 않습니다.

복된 예수님!

예수님의 제자들은 이 은총을 누릴 만한 자격이 없습니다. 하지만 주님이 그리 하도록 선택하셨으니 스스로를 기쁘게 하지 않고 주님의 가르침대로 이웃을 기쁘게 하겠습니다. 그러니 성령님이 우리 안에서 강력히 역사하게 하소서. 아멘.

계산을 멈추고
자신을 드려라

그리스도께서 너희를 사랑하신 것같이 너희도 사랑 가운데서 행하라. 그는 우리를 위하여 자신을 버리사 향기로운 제물과 희생제물로 하나님께 드리셨느니라. 에베소서 5:2.

그가 우리를 위하여 목숨을 버리셨으니 우리가 이로써 사랑을 알고 우리도 형제들을 위하여 목숨을 버리는 것이 마땅하니라. 요한일서 3:16.

자기희생과 자기부인은 무슨 관계일까? 자기희생은 자기부인의 뿌리이다. 자기희생은 자기부인이라는 시험을 거친다. 그렇게 해서 자기희생은 힘을 얻고 매 순간 자기를 온전히 포기할 수 있는 준비를 갖추게 된다. 예수님도 마찬가지셨다. 예수님의 성육신은 자기희생이셨다. 예수님의 자기부인은 그것의 증거였다. 이것을 통해 예수님은 십자가에서 죽는 자기희생이라는 놀라운 행위를 준비하셨다.

우리도 마찬가지다. 그리스도인의 회심은 무지와 연약함 때문에 충분하지는 않더라도 어느 정도 스스로를 희생하는 일이다. 자기포기라는 첫 행위로부터 날마다 자기부인을 실천할 의무가 생겨난다. 우리가 그렇게 실천하려고 하면 자신의 연약함을 깨닫게 되고, 그러면 더 새롭고 더 온전하게 자기를 희생할 준비를 하게 되어 더 지속적으로 스스로를 부인할 수 있는 능력을 발견하게 된다.

진정한 사랑의 핵심은 자기희생이다. 사랑의 본질과 축복은 자기를 잊고 사랑하는 사람의 행복을 추구하는 데 있다. 사랑하는 사람에게 부족한 것이 있을 때 사랑은 그 성격상 상대에게 스스로의 행복을 전달하고, 사랑하는 사람과 연합하며, 무슨 대가를 치르더라도 축복을 함께 나누려고 한다.

하나님의 사랑이 달리 완벽하게 계시될 수 없었기 때문에 죄가 허용되었다는 주장이 있다. 이것이 영원히 밝혀지지 않을 비밀 가운데 하나라고 누가 말할 수 있겠는가? 예수님의 자기희생을 통해 하나님의 더할 나위 없는 사랑이 나타났다. 예수님처럼 되는 것 역시 우리의 더할 나위 없는 영광이다. 전적인 자기희생 없는 새로운 계명, 즉 사랑의 계명은 성취될 수 없다. 전적인 자기희생 없이는 예수님처럼 사랑하지 못한다.

사도 바울은 말했다. "그러므로 사랑을 받는 자녀같이 너희는 하나님을 본받는 자가 되고 그리스도께서 너희를 사랑하신 것같이 너희도 사랑 가운데서 행하라. 그는 우리를 위하여 자신을 버리사"(엡 5:1-2). 예수님의 희생을 하나님이 달콤한 향기로 받아들이도록 만든 것이 바로 이 사랑이었다. 예수님의 사랑이 자기희생으로 모습을 드러냈듯이 우리의 사랑도 다른 이들의 행복을 위해 날마다 자기를 희생함으로써 예수님을 뒤따르고 있음을 직접 입증해야 한다. 그러면 하나님이 보시기에 받을 만한 게 될 것이다. "우리도 형제들을 위하여 목숨을 버리는 것이 마땅하니라."

가정에서의 일상적인 일이나 부부끼리 대화를 나눌 때도 예수님의 자기희생을 삶의 규칙으로 삼아야 한다. "남편들아 아내 사랑하기를 그리스도께서 교회를 사랑하시고 그 교회를 위하여 자신을 주심같이 하라"(엡 5:25). 그리고 다음 말씀에 각별히 주목하라. "그는 우리를 위하여 자신을 버리사 향기로운 제물과 희생제물로 하나님께 드리셨느니라"(엡 5:2). 자기희생은 두 가지 측면이 있다. 예수님의 자기희생은 하나님을 위한 것은 물론 인간을 위한 측면을 가지고 있다. 예수님이 자신을 희생제물로 삼으신 일은 우리를 위한 것이자 하나님께 바치신 것이다. 우리의 자기희생에도 이런 두 가지 측면이 서로 결합되어야 한다.

가끔은 어느 한 쪽이 나머지를 압도할 때도 있지만 말이다.

우리가 하나님께 스스로를 헌신할 때 비로소 전적인 자기희생의 능력을 발견하게 된다. 성령님은 우리에 대한 하나님의 요구, 즉 어째서 우리가 자신의 것이 아니라 하나님의 것인지를 믿는 이들에게 계시하신다. 보혈을 치르고 구입한 우리가 얼마나 완벽한 하나님의 소유이고, 그런 놀라운 사랑을 얼마나 받았으며, 하나님께 완벽하게 굴복하는 일이 얼마나 축복이 되는지 깨닫게 되면 우리는 자신을 온전한 번제물로 바치게 된다. 우리는 자신을 성별해서 제단에 내려놓고 자기 하나님, 즉 헌신하자 받아주신 하나님께 향기로운 제물이 되는 일을 더할 나위 없는 즐거움으로 간주하게 된다. 그러면 이렇게 자기를 희생하는 삶과 행동을 보여주기를 하나님이 얼마나 원하시는지 깨달음과 동시에 더할 나위 없이 간절한 바람으로 삼게 된다.

하나님은 예수님을 모범으로 제시하셨다. 예수님은 우리를 위하여 자기를 희생하셔서 하나님께 향기로운 제물이 되셨다. 예수님을 섬기는 데 자기를 전적으로 바치는 그리스도인마다 하나님은 아들에게 허락하신 명예를 동일하게 허락하신다. 하나님은 예수님을 다른 이들을 축복하는 도구로 사용하신다. 그래서 사도 요한은 이렇게 말했다. "누구든지 하나님을 사랑하노라 하고 그 형제를 미워하면 이는 거짓말하는 자니 보는 바 그 형제를 사랑하지 아니하는 자는 보지 못하는 바 하나님을 사랑할 수 없느니라"(요일 4:20). 우리가 자기를 희생해서 하나님을 섬기는 데 헌신한다면 이웃을 섬기지 않을 수 없게 된다.

이렇게 하나님께 자신을 드리면 다른 이들을 위해 자기를 희생할 뿐 아니라 그것을 즐거움으로 삼을 수 있는 능력을 얻게 된다. "너희가 여기 내 형제 중에 지극히 작은 자 하나에게 한 것이 곧 내게 한 것이니라"(마 25:40)는 약속에 믿음을 적용하면 하나님에 대한 희생과 사람에 대한 희생이 서로 영광스럽게 조화를 이루고 있다는 사실이 드러난다. 대부분 이웃과의 교제는 하나님과의 온전한 사귐을 방해하기보다는 하나님께 부단히 자신을 드리는 기회가 된다.

예수님이 우리를 사랑하셔서 자신을 하나님께 향기로운 제물과 희생제물로 바치셨듯이 사랑 안에서 행하는 삶은 복된 부르심이 분명하다! 그렇게 함으로써 교회는 사명을 다하고, 예수님의 자기희생의 사역을 계속하도록 구별되었다는 점을 세상에 증명하며, 예수님의 남은 고난을 채울 수 있게 된다.

하지만 하나님이 다른 이들을 위해서 우리가 자신을 그렇게 완전하게 부정하기를 바라실까? 지나친 요구는 아닐까? 정녕 그렇게 완전하게 자신을 희생할 수 있는 사람은 누구일까? 하나님은 우리 그리스도인들에게 그것을 기대하신다. 바로 이것이 하나님의 아들의 모습을 따르는 삶이다. 그 일을 위해서 하나님은 영원 전부터 우리를 예정하셨다. 이것이 바로 예수님이 영광과 축복에 들어서신 길이자, 제자들이 주님의 기쁨에 들어갈 수 있는 유일한 길이다. 예수님의 사랑과 자기희생을 그대로 닮는 것은 진정으로 우리의 소명이다. "그리스도께서 너희를 사랑하신 것같이 너희도 사랑 가운데서 행하라"(엡 5:2).

우리가 이것을 목격하고 인정하는 것은 대단히 중요한 일이다. 교회가 약해지는 원인 가운데 하나는 하나님의 사람들, 그리고 심지어 하나님의 일꾼들까지 그것을 제대로 알지 못하기 때문이다. 이 문제에 대해서 교회는 진정으로 제2의 종교개혁이 필요하다. 3세기 전의 위대한 종교개혁을 통해 속죄를 위한 그리스도의 죽음과 의의 능력이 빛을 발해 간절히 바라던 영혼들에게 놀라운 위로와 기쁨을 안겨주었다. 하지만 우리는 예수님이 보여주신 모범을 우리의 깃발로 높이 치켜들고 예수님의 부활의 능력을 회복시켜야 한다. 그것은 우리로 하여금 예수님의 삶과 모습에 참여자가 되게 한다. 우리는 화해를 위해서 우리의 보증 되시는 예수님과의 완전한 연합은 물론이고, 머리가 되시는 예수님을 모범과 생명으로 신뢰해야 한다. 진정으로 세상에서 예수님을 대표해야 하고, 또 머리가 되시는 예수님이 육신의 모습으로 어떻게 사셨는지 사람들이 직접 확인할 수 있게 해야 한다. 어디에서나 하나님의 자녀들이 거룩한 부르심을 깨닫도록 가르침을 받을 수 있게 간절히 기도해야 한다.

그리고 이미 그것을 갈망하고 있다면 예수님을 닮은 자기희생이라는 위대한 행위를 통해 하나님께 자신을 드리는 일을 두려워하지 말아야 한다. 회심의 순간에 우리는 자신을 하나님께 드렸다. 그 이후에도 스스로를 거듭 하나님께 바쳤다. 하지만 경험상 우리는 여전히 얼마나 부족한지 알고 있다. 어쩌면 자기희생이 얼마나 전폭적이어야 하고, 또 그럴 수 있는지 전혀 알지 못할 수도 있다. 그러니 와서 예수님이 보여주신 모범을, 십자가에 달리신 그분의 희생으로부터 우리 아버지께서 기대하시는 일을 확인해야 한다. 그러니 와서 예수님이 우리의 존재와 실천을 가능하게 하시는 일이 무엇인지 확인해야 한다.

예수님은 우리의 머리이자 생명이시다. 예수님이 지상에서 삶과 죽음으로 완수하신 일을 모범으로 삼고 하늘나라로부터 이제 우리 안에 그것을 이루려고 하신다는 사실을 믿어야 한다. 전적으로, 그리고 완벽하게 예수님을 닮고자 하는 생각으로 자신을 예수님 안에서 하나님께 바쳐야 한다. 사람들을 위해서 하나님께 바쳐진 하나님의 제물과 희생이 되어야 한다.

예수님이 우리 안에서 이 일을 시작하고 계속하기를 기대하라. 하나님과 명확하고 확실하게 관계를 유지하라. 예수님처럼 하나님께 전적으로 자신을 드려라. 그러면 예수님이 우리를 사랑하신 것처럼 사랑 안에서 행할 수 있게 될 것이다. 형제들이나 세상과의 사귐은 우리가 자신을 향기로운 제물과 희생제물로 하나님께 얼마나 완벽하게 드렸는지 직접 증명할 수 있는 더

없이 영광스러운 기회가 될 것이다.

＊ ＊ ＊ ＊ ＊

나의 하나님!

제가 누구라서 직접 저를 선택하여 자기희생의 사랑을 실천하신 하나님 아들의 모습을 닮아가게 하십니까? 예수님이 자신의 생명을 아끼지 않고 죽음을 통해 그것을 우리에게 기꺼이 나눠주신 이것은 놀랍도록 완전하고 영광스러운 일입니다. 그래서 저도 이것을 닮고 싶습니다. 사랑 안에서 행하며 저도 자신을 하나님께 완전히 바쳤다는 사실을 증명할 수 있기를 원합니다.

나의 아버지!

아버지의 목적은 저의 목적과 다르지 않습니다. 이 엄숙한 순간에 제가 아버지에게 성별되었음을 다시 확인합니다. 제 능력이 아니라 자신을 제게 주신 예수님 덕분입니다. 저의 모범이신 예수님이 역시 나의 생명이 되시니 감히 말할 수 있습니다. 은혜의 하나님, 예수님 안에서 예수님처럼 사람들을 위하여 하나님에게 제 자신을 바칩니다.

나의 아버지 하나님!

세상에 하나님의 사랑을 보여주는 데 저를 어떻게 사용하실지 일러주소서. 하나님은 사랑으로 제게 충만하게 하실 수 있습니다. 아버지, 예수님이 우리를 사랑하신 것처럼 사랑으로 행할 수 있게 그리 하소서. 늘 만나는 모든 사람을 사랑할 수 있는 성령의 능력을 지니고 매일 살아갈 수 있게 하소서. 어떤 형편에서든지 저의 사랑이 아니라 아버지 하나님의 사랑으로 사랑하게 하소서. 아멘.

선택받은 자로
뜻을 행하고

세상이 아닌 하늘에
속한 자로

그들은 세상에 있사옵고…. 세상이 그들을 미워하였사오니 이
는 내가 세상에 속하지 아니함 같이 그들도 세상에 속하지 아니
함으로 인함이니이다. …내가 세상에 속하지 아니함 같이 그들
도 세상에 속하지 아니하였사옵나이다. 요한복음 17:11, 14, 16.
이로써 사랑이 우리에게 온전히 이루어진 것은…. 주께서 그러
하심과 같이 우리도 이 세상에서 그러하니라. 요한일서 4:17.
예수님이 세상에 속하지 않았다면 어째서 그분은 세상에 계셨
을까? 예수님과 세상이 서로 무관하다면 어째서 그분은 세상에
사셨고, 자신이 속한 높고 거룩하고 복된 곳에 거하지 않으신
것일까? 하나님이 예수님을 세상에 보내셨다는 것이 그 해답이

다. "세상에"와 "세상에 속하지 아니함 같이"라는 두 가지 표현을 통해서 우리는 구세주로서의 예수님의 사역과 하나님이시며 사람으로서의 예수님의 영광에 포함된 비밀을 모두 알게 된다.

세상에서 인성을 소유하신 것은 세상의 신이 아닌 하나님 자신에게 이 본성이 속해 있고, 이 본성이 신적인 생명을 받아들이기에 적합하며, 이 신적인 생명을 통해 더할 나위 없는 영광에 도달한다는 점을 하나님이 보여주고 싶어 하셨기 때문이다. 세상에서 사람들과 교제하신 일은 그들과 사랑스러운 관계를 시작하고, 그들에게 모습을 드러내서 알려지며, 그렇게 해서 그들을 하나님께 돌이키려고 하셨기 때문이다.

세상에서 세상을 다스리는 권세들과 싸우신 일은 순종을 익혀서 인간의 본성을 온전하고 거룩하게 하시기 위함이었다. 세상이 아니라 하늘나라에 속하신 일은 하나님 안에 있는 생명을 드러내고 가까이 가져가서 인간들이 잃어버린 것을 눈으로 보고 갈망하게 하시기 위함이었다. 세상에 속하지 않으신 일은 하나님으로부터의 일탈과 죄를 멀리하고, 그것으로는 하나님을 알거나 기쁨을 드릴 수 없다는 사실을 설명하시기 위함이었다.

세상에 속하지 않으신 일은 전적으로 하늘에 기원과 성격을 두시고, 세상이 바람직하거나 필수적인 것으로 간주하는 모든 것과 전적으로 무관하게, 그리고 세상을 다스리는 일과 상반된 원칙과 법을 갖춘 나라를 세우시기 위함이었다. 세상에 속하지 않으신 일은 자신에게 속한 모든 이를 구속하셔서 하나님이 계시하신 새로운 하늘나라로 인도하시기 위함이었다.

세상에 있으면서도 세상에 속하지 않으셨다는 이 두 가지 표현 때문에 우리는 구세주의 인격과 사역에 얽힌 위대한 신비를 알게 된다. "세상에 속하지 아니함 같이"는 예수님이 신적인 거룩함의 능력으로 세상을 판단하고 이기신다는 뜻이다. 그러면서도 세상에 계시고 인성과 사랑으로 구원받을 수 있는 모든 사람을 찾아서 구원하신다는 뜻도 함께 갖고 있다. 세상과의 가장 완벽한 분리와 세상에 있는 이들과의 더할 나위 없이 가까운 친교라는 두 가지 극단적인 측면이 예수님 안에서 하나가 되었다. 예수님은 자신의 인격 안에서 그것들을 화해시키셨다. 그러니 우리도 삶 속에서 이런 두 가지 성격이 아무리 다르더라도 완벽하게 조화를 이룰 수 있다는 사실을 입증하는 삶을 살아야 한다. 그리스도인이라면 누구나 지상의 삶을 통해 하늘나라의 삶을 빛내야 한다.

이 두 가지 진리 가운데 어느 하나만을 취해서 강조하는 것은 그리 어려운 일이 아니다. 그래서 "세상에 속하지 아니함 같이"를 삶의 기준으로 삼았던 이들이 있었다. 옛날에는 수도원이나 사막에서 묵상하고, 세상의 모든 것을 엄격하게 재단해서 경건에 대한 열망을 입증하려는 이들을 진정한 그리스도인으로 간주했다. 그들은 죄와의 단절은 물론이고 죄인과는 상종하지 않앉으며, 다정하고 거룩한 사랑을 나누지도 않았다. 하지만 이것은 일방적이고 결함투성이 신앙이었다.

반면에 "이 세상에서"를 강조하고, 바울의 "만일 그리하려면 너희가 세상 밖으로 나가야 할 것이라"(고전 5:10)는 발언에 각별히 호소하는 이들도 있었다. 그들은 기독교가 즐길 수 있는 것을 모두 즐기지 못하게 하거나 멀리하게 하는 것이 아니라는 사실을 입증함으로써 세상을 하나님께로 이끌 수 있다고 생각했다. 그런 사람들이 실제로 세상을 신앙적으로 만드는 일이 가능할 때도 가끔은 있었지만 치러야 할 대가가 너무 컸다. 그 과정에서 기독교가 지나치게 세속화되었기 때문이다.

그러나 예수님의 진정한 제자라면 이 두 가지를 결합시켜야 한다. 자신이 세상에 속하지 않았고 거룩한 삶이 더 큰 축복이 된다는 사실을 입증하지 못한다면, 어떻게 세상을 상대로 죄를 납득시키고 더 고상한 삶을 입증하며 세상이 누리지 못하는 것을 바라도록 가르칠 수 있겠는가? 간절함과 거룩함, 그리고 세상 영과의 단절이 우리의 특징이 되어야 한다. 우리가 소유한 거룩한 영을 통해 세상이 아니라 하늘나라에 속해 있다는 사실을 보여주어야 한다.

동시에 우리는 "이 세상에서" 살아야 한다. 우리가 세상에 속한 이들 가운데 이렇게 분명하게 자리 잡고 있는 것은 사람들의 마음을 돌이켜서 영향력을 발휘하고 우리 안에 있는 성령을 전하기 위함이다. 우리는 자신의 사명을 어떻게 완수할 것인지를 삶의 우선으로 삼아야 한다. 세상의 지혜를 가르치듯이 기독교의 엄숙한 실체를 양보하고 타협하고 부드럽게 하는 것으로는 성공할 수 없다. 오히려 세상에 있으면서도 속하지 않는 방법을 홀로 가르치실 수 있는 예수님의 발자취를 따를 때 성공할 수 있다. 섬기고 고난당하는 사랑의 삶을 통해 자신의 존재 목적이 오직 하나님의 영광이라는 사실을 분명하게 고백하고, 성령 충만해서 사람들에게 거룩한 삶의 온기와 사랑을 직접 접하게 함으로써 세상에 축복을 가져다줄 수 있다.

과연 누가 일상생활에서 세상에 있는 것과 세상에 속하지 않을 수 있는 방법이 지닌 거룩한 비밀을 가르쳐줄 수 있을까? 가능한 분이 있다. "내가 세상에 속하지 아니함 같이 그들도 세상에 속하지 아니하였사옵나이다"라고 말씀하신 분이다. 여기서 "같이"라는 표현은 우리가 아는 것보다 더 심오하고 강력한 의미를 포함한다. 성령님이 그 말씀을 우리에게 일러주시면 예수님의 말씀처럼 세상에 있다는 것의 의미를 알게 된다. "같이"라는 말은 삶의 연합에 뿌리를 두고서 그것을 강조한다. 우리는 여기서 신적인 비밀, 즉 세상에 속하지 않을수록 세상에 있는 것이 더 적합해진다는 사실을 깨닫게 된다. 교회가 세상의 정신과 원리로부터 자유로울수록 세상에 더 큰 영향력을 끼칠 수 있다는 사실을 알게 된다.

이 세상 사람들의 삶은 자신을 즐겁게 하고 높이는 데 있다. 그러나 하늘에 속한 우리의 삶은 자기를 부인하는 거룩한 사랑이다. 많은 그리스도인들이 자신을 세상과 분리시키려고 하면서도 그렇게 하지 못하는 이유는 세상의 즐거움에 지나치게 함몰되어 있기 때문이다. 그들은 무엇보다도 자신의 행복과 완전을 추구한다. 그러나 예수님은 세상에 속하지 않으셨고, 세상의 정신과 무관하셨다. 예수님이 죄인들을 사랑하고 돌이키게 하며 구원하실 수 있었던 것도 바로 세상에 속하지 않으셨기 때문이다.

믿는 이는 예수님처럼 세상과 무관해야 한다. 주님은 말씀하셨다. "내가 세상에 속하지 아니함 같이 그들도 세상에 속하지 아니함으로 인함이니이다." 우리는 하늘로부터 났고, 우리 안에 하늘나라의 생명과 사랑을 소유한 새로운 본성을 지니고 있다. 초자연적이고 거룩한 생명이 우리에게 세상에 속하지 않으면서도 세상에 있을 수 있는 능력을 허락한다. 예수님을 닮은 완전한 내적 생명을 믿는 제자는 그것의 실체를 경험하게 된다. 그리고 자신 있는 태도로 이렇게 고백한다. "예수님처럼 내가 예수님 안에 있기 때문에 나는 세상에 속하지 않았습니다!"

우리는 예수님과 막역한 연합을 유지해야 비로소 세상과 분리될 수 있다. 예수님이 우리 안에 거하시는 한 우리는 거룩한 삶을 이어갈 수 있다. 우리가 부름에 응답할 수 있는 유일한 방법은 이 세상에 대해 십자가에 못 박혀서 세상의 권세로부터 스스로를 물러나게 하는 것이다. 그리고 예수님 안에 거하면서 세상으로 들어가 축복하는 것이다. 즉 하늘나라에 살면서 이 땅에서 행하는 것이다.

우리는 여기서 진정으로 예수 그리스도를 본받는 삶을 확인하게 된다. "그러므로 너희는 그들 중에서 나와서 따로 있고…. 전능하신 주의 말씀이니라 하셨느니라"(고후 6:17-18). 계속해서 은혜의 언약이 제시된다. "내가 그들 가운데 거하며 두루 행하여"(고후 6:16). 그러면 하나님이 예수님을 보내신 것처럼 자신을 영광스럽게 하고 사랑을 알리려고 직접 정하신 장소인 세상에 있도록 우리를 보내신다. 진정으로 세상과 무관한 거룩한 영혼은 하늘나라를 향해서 세상을 떠나는 것이 아니라 여기 지상에서 하늘나라의 삶을 기꺼이 사는 것이다.

＊ ＊ ＊ ＊ ＊

위대한 대제사장이시여!

세상의 죽어가는 영혼들을 대신해서 하나님께 대제사장으로 기도하신 것처럼 주님의 강력한 중보기도가 이제는 우리를 위해 이 땅에서 이루어지게 하소서. 세상은 여전히 우리의 마음을 파고들고, 세상의 이기적인 정신 역시 우리 안에 너무 많습니다. 새로운 본성은 불신 때문에 언제나 제몫을 다하지 못합니다. 주님, "내가 세상에 속하지 아니함 같이 그들도 세상에 속하지 아니하였사옵나이다"라는 말씀이 우리 안에서 충분히 실현될 수 있도록 도와주소서.

사랑의 주님!

제가 주님과 하나 될 때 비로소 주님처럼 행할 수 있습니다. 주님 안에 거할 때 주님처럼 행할 수 있습니다. 복된 주님, 저를 내려놓고 주님 안에 거합니다. 주님에게 온전히 드린 삶은 주님이 온전히 소유하신 삶입니다. 제 안에 거하시는 성령님이 주님과 막역하게 하나가 되게 하셔서 항상 세상에 속하지 않는 삶을 살게 하소서. 그리고 주님이 세상에서 역사하시는 것을 깨우쳐 주셔서 세상에 속하지 않은 이들에게 복된 삶이 무엇인지 세상에 모두 보여주는 철저한 겸손과 뜨거운 사랑을 즐거움으로 삼게 하소서. 제가 세상에 속하지 않는다는 것을 온유하고 뜨겁게 증명할 수 있도록 주님처럼 세상에 있는 이들을 위해서 스스로를 희생하게 하소서. 아멘.

받은 사명에
초점을 맞추어라

아버지께서 나를 세상에 보내신 것같이 나도 그들을 세상에 보내었고. 요한복음 17:18.

아버지께서 나를 보내신 것같이 나도 너희를 보내노라. 요한복음 20:21

예수님은 하나님으로부터 받은 사명을 깊이 인식하면서 이곳 지상에서 사셨다. 늘 "아버지께서 나를 세상에 보내신 것같이"라는 표현을 사용하셨다. 예수님은 자신의 사명이 무엇인지 잘 알고 계셨다. 그 사명의 완수라는 한 가지 목적 때문에 하나님의 선택을 받아서 세상에 왔다는 점을 알고 계셨다. 그것을 위해서 필요한 모든 것을 하나님이 허락하신다는 사실 또한 알고 계셨다. 그래서 자신을 보내신 아버지에 대한 믿음이 동기와 능력으로 작용해서 어떤 행동이든지 하실 수 있었다.

한 나라를 대표해서 다른 나라에 파견된 사람을 대사(大使)라고 한다. 대사라면 분명히 자신의 사명을 파악하고 있을 것이다. 그는 자신의 나라를 대표해서 자신의 임무를 달성하는 것 말고는 다른 일에 크게 관심을 두지 않으며, 오직 한 가지 일, 자신이 대사로 파송된 사명에만 집중할 것이다. 이와 마찬가지로 그리스도인들도 자신에게 주어진 사명의 성격과 수행 절차를 파악하는 일이 중요하다.

우리의 거룩한 사명은 예수님을 닮는 것을 구성하는 무엇보다 영광스러운 부분들 가운데 하나이다. 예수님은 자신의 생애 가운데 가장 엄숙한 순간에 그것을 확실하게 말씀하셨다. "아버지께서 나를 보내신 것같이." 그리고 제자들을 보내셨다. 예수님은 대제사장 같은 기도로 하나님께 기도하시면서 그것을 근거로 제자들을 보호하고 거룩하게 해달라고 간구하셨다. 부활 이후에 제자들에게 동일하게 말씀하시면서 그것을 근거로 성령을 받으라고 말씀하셨다. 우리의 사명과 예수님의 사명이 얼마나 완벽하게 일치하는지 깨닫는 것보다 우리의 사명을 파악하고 수행하는 데 도움이 되는 일은 없다. 우리의 사명은 목적에 있어서 예수님의 사명과 비슷하다.

그렇다면 하나님은 왜 예수님을 세상에 보내셨을까? 그것은 죄인의 구원에 대한 자신의 의지와 사랑을 알리기 위함이었다. 예수님은 말과 교훈만이 아니라 인격과 성격과 행동으로 하나님의 거룩한 사랑을 입증하셔야 했다. 눈에 보이지 않는 하늘의 아버지를 대신해서 지상의 사람들에게 아버지가 어떤 분인지 일러주셔야 했다.

예수 그리스도는 사명을 완수하고 나서 하늘로 올라가 세상이 눈으로는 볼 수 없는 하나님 아버지처럼 되셨다. 그리고 사명을 수행하는 법을 소개하고 나서 제자들에게 사명을 주셨다. 그러므로 제자들은 눈에 보이지 않는 예수님을 대신해서 자신들을 지켜보는 사람들에게 예수님의 모습을 판단할 수 있도록 가르쳐야 한다.

그러므로 우리는 예외 없이 예수님의 형상이 되어야 한다. 예수님이 죄인들을 대한 것과 동일한 사랑과 그들을 구원하려는 열정을 인격과 행동으로 보여주어야 한다. 그것을 통해 세상 사람들이 예수님이 누구신지 알 수 있게 해야 한다. 우리는 진정으로 이런 거룩한 생각을 할 수 있는 시간을 가져야 한다. 우리의 사명은 목적에 있어서 예수님과 동일하다. 즉 하늘나라의 거룩한 사랑을 지상의 형식으로 보여주는 것이다.

사명의 기원 역시 예수님과 비슷하다. 이 일 때문에 예수님을 선택하셔서 존귀와 신뢰를 받을 만하게 하신 것은 하나님의 사랑이었다. 우리 역시 이 일을 위해 선택받았다. 구속받은 사람은 누구나 자신이 주님을 찾은 것이 아니라 주님이 찾고 선택하셨다는 사실을 알고 있다. 예수님은 이 거룩한 사명을 염두에 두고, 찾고 선택하셨다. "너희가 나를 택한 것이 아니요 내가 너희를 택하여 세웠나니 이는 너희로 가서 열매를 맺게 하고 또 너희 열매가 항상 있게 하여 내 이름으로 아버지께 무엇을 구하든지 다 받게 하려 함이라"(요 15:16).

우리 그리스도인은 누구든지, 어디에 거주하든지 간에 그 됨됨이와 환경을 알고 있는 예수님의 필요에 따라 우리의 활동 영역에서 자신을 대신하도록 선택받은 것이다. 이것을 마음에 새겨야 한다. 예수님이 우리를 염두에 두고 구원하신 것은 주변 사람들에게 눈에 보이지 않는 그분의 영광스러운 모습을 전달하고 보여주기 위함이다. 그러므로 우리의 사명은 진정으로 예수님을 닮는 것이다.

사명을 감당하는 일 역시 예수님의 그것과 비슷하다. 대사는 누구나 대사직에 필요한 모든 것이 공급될 것이라고 생각한다. "나를 보내신 이가 나와 함께 하시도다. 나는 항상 그가 기뻐하시는 일을 행하므로 나를 혼자 두지 아니하셨느니라"(요 8:29). 이 말씀은 아버지께서 아들을 보낼 때 늘 함께하시던 자신이 어떻게 위로와 능력을 주셨는지 소개하고 있다. 사명을 맡은 교회도 마찬가지다. "너희는 가서 모든 민족을 가르쳐 지키게 하라"는 말씀에는 "내가 세상 끝날까지 너희와 항상 함께 있으리라"

는 약속이 뒤따른다(마 28:19-20).

우리는 감당할 수 없다고 해서 뒤로 물러나서는 안 된다. 우리 주님은 처리할 수 있는 능력을 주지 않고는 어떤 일도 시키는 법이 없으시다. 믿는 이는 누구나 그것을 의지할 수 있다. 자신이 맡긴 일을 모두 감당할 수 있도록 아버지께서 아들에게 성령을 주신 것처럼 예수님은 자신이 선택한 사람들에게 필요한 모든 것을 허락하신다. 이것은 늘 예수님을 드러내고, 예수님이 보이신 모범의 사랑스러운 빛을 비추고, 또 예수님처럼 주위의 사람들에게 사랑과 생명과 축복의 근원이 되는 거룩한 소명을 따르는 모든 이에게 주어진다. 보내는 이가 보냄을 받은 이들에게 필요한 모든 것을 제공한다는 측면에서 볼 때 우리의 사명이나 예수님의 사명은 비슷하다.

우리의 사명은 그것을 수행하려면 헌신이 필요하다는 점에서 예수님의 사명을 닮았다. 예수님은 사역을 감당하려고 스스로를 남김없이 바치셨다. 그것만을 위해서 사셨다. "때가 아직 낮이매 나를 보내신 이의 일을 우리가 하여야 하리라. 밤이 오리니 그때는 아무도 일할 수 없느니라"(요 9:4). 예수님이 지상에 있는 단 하나의 이유는 아버지께서 맡겨주신 사명 때문이었다. 인류에게 하나님, 곧 하늘 아버지가 얼마나 영광스럽고 복된 분인지 소개하려는 목적 하나를 위해서 사셨다.

우리도 예수님과 마찬가지다. 예수님의 사명은 우리가 지상에 존재하는 단 하나의 이유이다. 그것이 아니라면 우리를 데려 가실 것이다. 우리 가운데 어떤 사람들은 이것을 받아들이지 않는다. 그들에게 있어서 예수님의 사명을 성취하는 일은 기껏해야 이런저런 일들을 처리하는 것과 다르지 않아서 시간과 능력을 확보하는 데 어려움을 겪는다. 하지만 예수님의 사명을 완수하는 일은 우리가 지상에 존재하는 유일한 이유이다. 그러기에 우리가 먼저 이 사실을 믿고 예수님처럼 그 사명을 위해서 자신을 남김없이 헌신한다면, 우리는 진정으로 주님을 기쁘시게 하는 삶을 살게 될 것이다.

이 거룩한 사명은 너무나 크고 영광스러워서 전적으로 헌신하지 않으면 결코 달성할 수 없다. 이런 전적인 헌신이 없다면 그 사명을 감당하게 하는 능력이 우리를 사로잡지 못한다. 그런 전적인 헌신이 없다면 예수님의 놀라운 도움과 그분의 복된 언약의 성취를 기대할 수 있는 여유를 누리지 못한다. 예수님처럼 우리의 거룩한 사명은 전적인 헌신을 요구한다. 당신은 그것을 감당할 수 있는 준비가 되어 있는가? 그렇다면 다음과 같은 거룩한 영광의 주님의 말씀을 경험할 수 있는 열쇠를 실제로 소유하고 있는 것이다. "아버지께서 나를 보내신 것같이 나도 너희를 보내노라." 이 거룩한 사명은 우리 자신을 완전히 바치는 삶을 살 수 있을 만큼의 가치를 지닌 유일한 길이다.

＊ ＊ ＊ ＊ ＊

사랑의 예수님!

주님은 하늘나라의 삶이 무엇인지 보여주시려고 하늘로부터 내려오셨습니다. 주님은 하늘에 계셨기 때문에 그렇게 하실 수 있었습니다. 주님은 하늘의 형상과 영을 갖고서 지상에 오셨습니다. 그것을 통해서 하늘의 영광을 이루고 있는 것, 곧 눈으로 볼 수 없는 아버지의 뜻과 사랑을 영광스럽게 보여주셨습니다.

은혜의 주님!

주님은 이제 눈으로 볼 수 없는 분으로 하늘에 계시면서 하늘의 영광을 누리는 구세주로서의 모습을 대신하도록 우리를 보내십니다. 주님은 우리를 통해서 사람들이 하늘에 계신 주님의 사랑을 깨달을 수 있게 사랑을 실천하라고 요구하십니다. 주님, 우리가 진심으로 부르짖습니다. 어찌하여 우리에게 그런 소명을 주십니까? 어찌하여 보잘것없는 사랑을 지닌 우리에게 그것을 기대하십니까? 지상에 속한 우리가 하늘의 삶이 무엇인지 어떻게 보여줄 수 있습니까?

귀하신 주님!

주님은 허락하지 않은 것 그 이상을 바라지 않으신다는 사실을 알고 있으니 주님을 찬양합니다. 하늘의 생명인 주님은 우리 안에 거하십니다. 숨을 쉬듯 주님에게서 하늘로부터 성령을 소유하고 있으니 주님의 거룩한 이름을 찬양합니다. 성령님은 영혼을 위한 하늘의 생명입니다. 성령님의 인도하심에 자신을 맡기는 이들은 사명을 성취할 수 있습니다. 우리는 성령님의 즐거움과 능력을 통해서 주님의 모습을 보여주고 주님의 형상을 어느 정도 소개할 수 있습니다.

모든 것이 되시는 주님!

주님에게 속한 모두를 가르치셔서 주님이 세상에 속하지 않으셨듯이 우리가 세상에 속하지 않는다는 사실을 깨닫게 해주소서. 그래서 주님이 아버지로부터 보냄을 받으신 것처럼 우리도 주님에게서 보냄을 받은 자로서 사랑과 순결과 축복이 가득한 그 세계에 우리가 속해 있음을 삶으로써 증명하게 하소서. 아멘.

03

하나님께 선택받은
자다운 모습으로

하나님이 미리 아신 자들을 또한 그 아들의 형상을 본받게 하기
위하여 미리 정하셨으니 이는 그로 많은 형제 중에서 맏아들이
되게 하려 하심이니라. 로마서 8:29.

성경은 개인의 선택을 말한다. 그것은 특별한 순간에 집중된 것
이 아니다. 시간적으로 볼 때 역사 전체가 영원한 조언에 따라
서 진행되고 있다는 뜻이다. 우리는 하나님 나라의 미래가 하나
님께서 예정해 놓으신 자리를 특정한 사람들이 채워가면서 어
떻게 완성되어 가는지 계속해서 확인하게 된다. 하나님의 목적
을 수행하는 것에 대한 유일한 보장책은 개인의 예정이다. 성도
개인뿐 아니라 세계와 하나님 나라의 역사는 예정을 통해서만

확실한 토대를 확보할 수 있다.

이것을 알지 못하는 그리스도인들도 있다. 그들은 인간의 책임이 훼손될까 두려워서 하나님의 예정 교리를 부정한다. 인간의 의지와 행동의 자유를 박탈하는 것처럼 보이기 때문이다. 성경은 이런 두려움에 동의하지 않는다. 성경의 어느 대목은 선택이 없는 것처럼 인간의 자유를 거론한다. 또 다른 대목에서는 자유의지가 없는 것처럼 선택을 소개하기도 한다. 그렇게 본다면 성경은 우리가 이 진리들을 단단히 함께 붙들어야 한다고 소개하는 것이다. 우리가 그것들을 이해하거나 조화시키지 못해도 말이다. 영원한 빛에 비추어 보면 이 비밀의 해답이 드러난다. 믿음으로 두 가지의 진리를 붙잡는 사람은 둘 사이의 갈등이 얼마나 미미한지 바로 경험하게 된다. 하나님의 영원한 목적에 대한 믿음이 강해질수록 실천할 수 있는 용기가 더 강해진다. 반면에 그런 사람이 실천하고 축복을 누리는 만큼 그 모두가 하나님 덕분이라는 것이 더욱 분명해진다.

이런 이유 때문에 우리는 자신이 선택받은 사실을 확신하는 믿음이 중요하다. 성경은 우리가 이것을 실천하면 "언제든지 실족하지 아니하리라"(벧후 1:10)는 확신을 갖게 한다. 내가 하나님의 선택을 받았다는 것을 믿고, 이 선택이 나의 부르심에 대한 근거가 된다는 사실을 아는 만큼 하나님이 직접 내 안에서 자신의 일을 온전하게 하신다는 확신이 더 강해진다. 그러므로 하나님이 진정으로 내게 기대하시는 것은 모두 가능하다. 성경이 부과하는 온갖 의무와 성취를 간절히 소원하는 모든 약속 덕분에 내가 기대하는 확고한 발판과 지침이 될 진정한 척도를 하나님의 목적으로부터 발견하게 된다. 지상에서의 삶은 하나님이 나를 위해 준비하신 하늘나라에서의 삶의 복사본이라는 것을 깨닫게 된다.

우리는 부름과 선택을 확신해야 한다. 선택을 받았고 무엇 때문에 부름을 받은 것인지 분명히 파악해야 한다. "너희가 이것을 행한즉 언제든지 실족하지 아니하리라"(벧후 1:10). 불변하는 하나님의 목적에 근거한 그분과의 친밀한 교제는 우리를 강건하게 해서 실족하지 않게 한다.

우리를 위한 하나님의 목적에 관한 축복된 표현 가운데 하나는 이 말씀이다. "그 아들의 형상을 본받게 하기 위하여 미리 정하셨으니"(롬 8:29). 하나님이 선택하신 분은 인간으로서의 예수 그리스도이시다. 선택받은 목적의 처음과 마지막이 그분 안에 있다. "우리가 예정을 입어 그 안에서 기업이 되었으니"(엡 1:11). 우리가 선택받은 이유는 하나님과의 하나됨과 영광을 위해서다. 그저 선택을 통한 자신의 확실한 구원을 추구하거나 두려움과 의심의 완화를 추구하는 사람은 선택의 진정한 면모를 제대로 깨닫지 못한다.

선택의 목적은 예수님 안에서 우리를 위해 마련된 모든 풍성함을 포함하고, 삶 속에서 순간마다 필요로 하는 모든 것을 제공한다. "곧 창세 전에 그리스도 안에서 우리를 택하사 우리로 사랑 안에서 그 앞에 거룩하고 흠이 없게 하시려고"(엡 1:4). 선택과 성결의 관계를 제대로 깨달을 때만 교회 안에서 선택의 교리가 가져오는 진정한 축복을 이해하게 된다(살후 2:13, 벧전 1:2).

선택의 교리는 우리에게 자신의 내부에서 모든 일을 행하시는 분은 하나님이시고, 더할 나위 없이 작은 일도 하나님이 자신의 백성들에게 기대하시는 모든 일이 성취되도록 작동하는 하나님의 변함없는 목적을 의지해야 한다는 사실을 가르쳐준다. 이것에 비추어볼 때 "그 아들의 형상을 본받게 하기 위하여 미리 정하셨으니"라는 말씀은 예수님의 모습을 자신이 되고자 하는 모습의 규범으로 받아들이기 시작한 사람이라면 누구에게나 새로운 능력을 허락하신다는 축복이다.

진정으로 예수님처럼 되고 싶다면 하나님께서 이것을 얼마나 우리에게 기대하시는지 골똘히 생각해야 한다. 전체 구속사역이 우리를 염두에 두고 어떻게 계획되었는지, 그리고 우리의 바람이 성취되는 것을 하나님의 목적이 어떻게 보장하는지 기억해야 한다. 우리의 이름이 기록된 생명책과 "그 아들의 형상을 본받게 하기 위하여 미리 정하셨으니"라는 말씀은 나란히 자리 잡고 있다. 이 영원한 목적의 첫 번째 부분, 즉 인간 예수 그리스도 안에서 하나님의 모습을 온전히 드러내는 일을 완수하는 데 이미 협력한 하나님의 능력은 두 번째 부분을 성취하는 일과도 역시 관계가 있고, 하나님의 자녀마다 그 형상을 이루게 한다.

예수님의 사역은 이런 하나님의 목적을 수행하는 데 필요한 무엇보다 완벽한 것들을 제공한다. 살아 있는 믿음으로 단단하게 유지되는 예수님과의 연합은 아주 강력한 능력이 될 수 있다. 우리는 그것을 하나님이 확실하게 미리 정하신 것으로 신뢰할 수 있지만 전적으로 따를 때 가능한 일이다. 하나님이 우리를 선택하신 이유는 아들의 형상을 닮게 하기 위함이 아니었는가!

이 진리를 생생하게 의식하는 것이 얼마나 강력한 영향력을 발휘할 수 있는지는 어렵지 않게 알 수 있다. 덕분에 우리는 하나님의 영원하신 뜻이 거룩한 능력으로 우리 안에서 그 목적을 이루도록 스스로를 포기하는 것을 배우게 된다. 그것은 우리의 능력이 그 일을 성취하는 데 얼마나 쓸모없고 무능력한지 보여준다. 하나님께 속한 것은 모두 그분을 통하지 않으면 안 된다. 처음이신 그분은 중간이자 마지막이 되신다. 이것은 아주 놀라운 방식으로 우리의 믿음을 강건하게 해서 오직 하나님만 영화롭게 하려는 거룩한 담대함을 갖게 해준다. 그리고 하나님이 자신의 모든 약속과 모든 명령, 곧 하나님이 뜻하시는 복된 목적을 남김없이 성취하실 것이라고 기대하게 해준다.

그렇다면 이렇게 예수님을 닮는다는 것은 무슨 뜻일까? 그것은 아들이 된다는 뜻이다. 우리가 뒤따라야 하는 것은 아들의 형상이다. 예수님을 닮는 삶의 서로 다른 온갖 특징은 처음이자 마지막이 되는 이것 안에서 하나가 된다. 우리는 "그 아들의 형상을 본받게 하기 위하여 미리" 정해졌다. 예수님은 아들로 살면서 아버지를 섬기며 기쁘게 하셨다. 우리는 마음에 하나님의 영을 모시고, 오직 아들처럼 될 때 아버지를 섬기고 기쁘게 할 수 있다.

날마다 제대로, 그러면서도 확실하게 의식하면서 실천해야 한다. 우리는 예수님처럼 지극히 높은 하나님의 아들이며, 위로부터 난 사람이며, 아버지의 사랑을 받고 있다는 사실을 말이다. 아들이기 때문에 우리는 의지하고 신뢰하며, 사랑하고 순종하며, 즐거워하고 희망하면서 살아간다. 아들로서 아버지와 함께 살아갈 때 어떤 희생이든지 가능하고 어떤 명령이든지 따를 수 있다.

우리는 이 진리를 깨닫기 위해 시간을 내서 기도해야 한다. 그래서 그것이 우리의 영혼 안에서 제대로 능력을 발휘하게 해야 한다. 성령님이 우리 존재의 가장 깊은 부분에 "그 아들의 형상을 본받게 하기 위하여 미리" 정하셨다는 것을 기록하게 해야 한다. 아버지의 목적은 아들이 존귀하게 되는 것, 즉 "그로 많은 형제 중에서 맏아들이 되게 하려 하심"(롬 8:29)이었다. 우리 역시 이것을 평생의 목적으로 삼아야 한다. 맏형 되시는 예수님의 형상을 보여주어서 다른 그리스도인들이 오직 예수님만을 바라보며 찬양하고, 더욱 막역하게 뒤따를 수 있도록 해야 한다.

"내 몸에서 그리스도가 존귀하게 되게 하려 하나니"(빌 1:20)라는 말씀을 삶 속에서 흔들림 없이 유일한 목적, 즉 믿음으로 하는 기도의 커다란 목적으로 삼아야 한다. 이것 덕분에 새로운 확신을 얻어서 예수님처럼 사는 데 필요한 모든 것을 구하고 기대할 수 있다. 우리가 예수님을 닮을 때 하나님의 영원한 목적과 존귀하신 예수님을 통한 그것의 영원한 성취를 연결하는 하나의 고리가 될 수 있다.

그러면 예수님을 닮는 것이 거룩한 하늘의 일이 되어서 하나님으로부터 주어진다는 사실을 깨닫게 된다. 우리는 하나님으로부터 가장 확실하게 그것을 얻을 수 있고, 또 그렇게 될 것이다. 하나님의 목적이 결정한 것을 하나님의 능력이 수행하게 된다. 하나님의 사랑이 정해 놓은 것을 하나님의 사랑이 무엇보다 확실하게 성취하게 된다. 하나님의 영원한 목적에 대한 살아 있는 믿음은 예수님처럼 살도록 재촉하고 도울 수 있는 가장 강력한 능력 가운데 하나가 될 것이다.

＊ ＊ ＊ ＊ ＊

헤아릴 수 없는 하나님!

더할 나위 없는 겸손함으로 하나님을 경배합니다. 하나님이 아들에게 그랬던 것처럼 하나님의 아들이 저를 선택해서 세상에 보내셨다는 사실을 알고 커다란 힘을 얻었습니다. 그런데 하나님은 여기서 더 높은 곳으로 인도하셔서 예수님처럼 되는 이 사명이 영원 전부터 직접 결정된 일임을 보여주셨습니다. 나의 하나님, 제 영혼이 먼지를 덮어쓰고 엎드려 하나님을 경배합니다.

주 나의 하나님!

이제 하나님의 자녀가 하나님의 목적을 성취하기 위하여 앞으로 나아가서 감히 확신을 갖고 응답을 간구합니다. 어떤 방해도 하나님의 뜻을 어쩔 수 없습니다. 하나님을 의지하는 믿음은 수치를 당하지 않습니다. 주여, 거룩한 경외와 경배의 심정으로, 그러면서도 아이와 같은 확신과 소망으로 이렇게 기도합니다. 아버지, 제 영혼에 하나님의 아들의 형상을 본받고자 하는 갈망을 허락하소서. 아버지, 예수님을 닮는 것, 이것이 바로 제 영혼의 소원입니다. 저를 예수님처럼 하나님의 거룩한 자녀로 삼아주소서.

나의 아버지 하나님이시여!

제가 무엇보다 하나님 아들의 형상을 본받고 싶은 갈망으로 간구했다는 사실을 하나님과 저의 기억의 책에 기록해주소서. 저는 이 일 때문에 선택되었습니다. 아버지 하나님과 하나님 아들의 영광을 위해서 제 소원을 들어주소서. 아멘.

04
Like Jesus _ Part 3

거룩하신 하나님의
뜻을 행하라

내가 하늘에서 내려온 것은 내 뜻을 행하려 함이 아니요 나를
보내신 이의 뜻을 행하려 함이니라. 요한복음 6:38.

하나님의 뜻 안에서 우리는 그분의 신적 완전함의 가장 수준 높
은 표현과 신적 능력의 강력한 활력을 한꺼번에 접하게 된다.
창조와 그것의 아름다움은 모두 하나님의 뜻이었다. 그것은 하
나님의 뜻이 드러난 것이었다. 자연은 모두 하나님의 뜻을 반영
한다. 하늘나라에서 천사는 하나님의 뜻을 따르는 일을 더할 나
위 없는 축복으로 간주한다. 인간은 자유의지를 가지고 창조되
었기에 하나님의 뜻을 선택할 수 있는 나름의 능력이 있다. 그
런데 인간은 사탄에게 속아서 하나님의 뜻보다는 스스로의 생

각을 좇는 커다란 죄를 저질렀다. 그렇다. 선택할 수 있는 자유의지로 하나님의 뜻이 아니라 자신의 뜻을 좇았다! 여기에 죄의 뿌리와 비참함이 자리하고 있다.

예수 그리스도는 하나님의 뜻을 따르는 축복을 우리에게 되돌려주려고 인간이 되셨다. 구속의 커다란 목적은 우리와 우리의 생각이 죄로부터 풀려나서 하나님의 뜻대로 살고 실천하는 것이다. 예수님은 지상생활을 통해서 오직 하나님의 뜻을 위해 살아가는 삶이 무엇인지 보여주셨다. 예수님은 죽음과 부활을 통해 자신이 몸으로 완수한 하나님의 뜻에 따라 살고 실천할 수 있는 능력을 확보하셨다.

"보시옵소서. 내가 하나님의 뜻을 행하러 왔나이다"(히 10:9). 예수님이 태어나기 오래 전에 예언자들이 성령님을 통해 직접 말한 이 말씀은 지상에서 예수님의 삶을 풀어줄 열쇠가 된다. 나사렛의 목수가게, 세례 요한과 함께 한 요단강, 사탄을 마주한 광야, 많은 대중을 마주한 곳, 그리고 삶과 죽음의 순간에도 이 말씀이 예수님께 영감을 주고 인도하고 기쁨이 되어 주었다. 하나님의 영광스러운 뜻이 예수님 안에서, 또 예수님을 통해서 성취되어야 했다.

이것을 위해서 예수님이 모든 희생을 치르셨다는 사실을 우리는 확실히 깨달아야 한다. 예수님은 몇 번이고 말씀하셨다. "내 원대로 마시옵고 아버지의 원대로 되기를 원하나이다"(눅

22:42). 예수님이 자신의 뜻을 부정하고 있다는 사실을 우리는 확실히 이해해야 한다. 겟세마네에서 자신의 뜻을 희생해야 할 절정의 순간에 도달했을 때 그곳에는 아버지께 합당한 삶 전체를 드리는 것에 대한 예수님의 완벽한 순종만이 존재했다.

사람이 하나님의 뜻과 다른 뜻을 가진다고 해서 죄는 아니다. 하지만 창조주의 뜻과 상반된 자신의 뜻에 집착할 때 비로소 죄가 된다. 예수님은 인간으로서 타고 난 인간의 성품을 소유하면서도 죄의 욕심은 없으셨다. 예수님은 인간으로서 하나님의 뜻이 무엇인지 언제나 미리 알지는 못하셨다. 하지만 하나님의 뜻을 알게 되면 자신의 인간적인 뜻을 포기하고 하나님의 뜻을 실천할 수 있는 준비가 되어 있으셨다. 예수님의 자기희생이 완전하고 값진 것은 바로 이 때문이다. 예수님은 인간으로서 자신을 완전히 포기하고 하나님의 뜻 안에서, 그리고 오직 그 뜻을 위해서만 사셨다. 겟세마네와 갈보리의 희생을 앞둔 때에도 언제나 하나님의 뜻을 실천할 준비가 되어 있으셨다.

예수님이 육신으로 감당한 이 순종의 삶은 우리에게 전가되었을 뿐 아니라 성령님을 통해 주어졌다. 예수님은 죽음을 통해 우리의 자기의지와 불순종을 속죄하셨다. 완전한 순종으로 정복하고 속죄하셨다. 그렇게 해서 자기의지라는 죄를 하나님 앞에서 완전히 제거했을 뿐 아니라 우리 안에서 역사하는 능력까지 파괴하셨다. 예수님은 부활하심으로써 모든 자기의지를 정복하셨고, 새로운 생명을 죽은 자들에게 불어넣으셨다. 그래서 예수님의 죽음과 부활의 능력을 아는 우리는 전적으로 하나님의 뜻을 위해서 자신을 바칠 수 있는 능력을 지니게 된 것이다.

이것을 이루려면 예수님과 입장이 동일해야 한다. 하나님의 뜻을 전부로 여기고 지상의 삶에서 유일한 목표로 삼아야 한다. 해와 달과 풀과 꽃을 바라보면서 그것들이 누리는 영광을 깨달아야 한다. 그것들은 그저 하나님의 뜻을 따르기 때문에 그런 영광을 누리는 것이다. 하지만 우리는 훨씬 더 큰 영광을 누릴 수 있다. 그것을 알고 기꺼이 실천할 수 있으니 말이다. 그러므로 우리를 자녀로 삼고 돌보시는 하나님의 영광스러운 뜻으로 마음을 채워야 한다. 그것이 바로 우리를 통해 반드시 이루어질 목적이다. 자신을 하나님께 확실하게 드려야 한다. 예수님이 그러셨던 것처럼 하나님의 아름답고 복된 뜻이 분명히 이루어질 것이다. 조용히 묵상할 때마다 즐겁고 신뢰하는 마음으로 자주 이렇게 고백하라. "하나님을 찬양합니다! 하나님의 뜻을 실천하기 위해서만 살게 하소서!"

두려움 때문에 이것을 멀리해서는 안 된다. 이 뜻이 너무 어려워서 실천할 수 없다고 생각해서도 안 된다. 하나님의 뜻이 어렵게 보이는 것은 그 뜻을 멀리 떨어져서 바라보며 그 뜻에 굴복할 생각을 갖지 못하기 때문이다. 하나님의 뜻에 따라 모든 자연이 얼마나 아름답게 만들어졌는지 다시 한 번 둘러보라. 그리고 스스로에게 물어보라. 우리를 자녀로 삼아서 사랑하고 축복을 베푸시는 하나님을 불신하는 것이 옳은 일인지를 말이다. 하나님의 뜻은 사랑의 뜻이다. 어떻게 그 뜻에 굴복하기를 두려워할 수 있겠는가?

그 뜻에 순종할 수 없을 것이라는 두려움 때문에 물러나서도 안 된다. 하나님의 아들이 이 세상에 오신 목적은 인간이 어떤 삶을 살아야 하는지 보여주기 위함이었다. 부활은 그분처럼 살 수 있는 능력을 우리에게 허락한다. 예수 그리스도는 성령님을 통해서 육신이 아니라 하나님의 뜻에 따라서 행할 수 있는 힘을 주신다.

"내가 왔나이다"(시 40:7). 예수님이 세상에 오시기 전에 이미 어느 선지자는 구약성경에서 성령님을 통해서 예수님은 물론이고 자신에게 그 말을 할 수 있었다. 예수님은 그 말씀을 취해서 새로운 생명의 능력으로 가득 채우셨다. 그래서 지금 예수님은 구속받은 사람들이 더 간절하고 전폭적으로 그 말씀을 선택하길 바라신다. 자신이 지상에서 그렇게 사셨기 때문이다. 우리는 그렇게 해야 한다.

우리는 나중에 전적인 헌신이 가능할 것이라는 기대 속에서 먼저 시도하고 나서 하나님의 뜻을 성공적으로 수행할 수 있는지의 여부를 가늠해서는 안 된다. 먼저 하나님의 뜻이 우리에게 요구하는 것은 물론이고, 축복과 영광까지 전체적으로 파악해

야 한다. 직접 하나님께 하듯이 그것에 굴복해야 한다. 우리 신
앙고백의 중요한 항목으로 삼아서 "내가 예수님처럼 이 세상에
존재하는 목적은 하나님의 뜻을 실천하기 위함일 뿐"이라고 고
백해야 한다.

이렇게 굴복하면 모든 명령과 하나님의 모든 섭리를 이미 우
리가 스스로를 바친 그 뜻의 일부로 즐겁게 받아들이는 법을 익
히게 된다. 이렇게 굴복하면 하나님의 분명한 인도하심과 능력
을 기다릴 수 있는 용기를 얻게 된다. 오직 하나님의 뜻을 위해
서 사는 사람은 하나님을 의지해서 판단할 수 있기 때문이다.
이렇게 굴복하면 우리의 한없는 연약함을 더욱 철저하게 인식
하게 된다. 게다가 사랑하는 예수님과 더 깊은 교제를 나누고
그 형상을 본받게 된다. 그러면 예수님이 우리를 위해 마련하신
축복과 사랑을 완벽하게 누리게 될 것이다.

우리는 하나님의 자녀로서 그리스도를 본받는 것을 순종의
표시로 삼아야 한다. 그 순종은 하나님의 모든 뜻에 단순하고
함축적으로 반응하는 것이다. 그것이 우리의 삶에서 무엇보다
분명히 나타나게 해야 한다. 먼저 하나님의 거룩한 말씀의 계명
을 기꺼이, 그리고 전심으로 일제히 지키기 시작해야 한다. 양
심이 옳다고 간주하는 모든 일에 아주 부드럽게 헌신하는 것이
다. 하나님의 말씀이 직접적으로 지시하지 않을 때라도 그렇게
해야 한다.

이런 식으로 행동하면 우리는 더 높아지게 된다. 알고 있는 만큼 진심으로 순종하고 양심이 말할 때마다 기꺼이 순종할 준비가 되었다는 것은 성령님의 신적인 가르침 덕분에 말씀의 의미와 적용을 더욱 철저히 하게 된다는 뜻이다. 이때 우리는 자신에 대한 하나님의 뜻을 더욱 직접적이고 영적으로 통찰하게 된다. 하나님은 순종하는 이들에게 성령을 주시고, 하나님의 복된 뜻은 성령을 통해서 우리의 길을 더욱 밝게 비추게 된다는 사실을 깨닫게 된다. "사람이 하나님의 뜻을 행하려 하면… 내가 스스로 말함인지 알리라"(요 7:17). 하나님의 뜻은 복되다. 하나님의 뜻에 순종하는 일은 엄청난 축복이다. 이런 순종을 가장 귀한 보물로 알고 간직한다면 얼마나 좋겠는가!

그리고 오직 하나님의 뜻을 위해서만 사는 삶이 너무 힘들어 보이면 예수님이 힘을 얻은 곳을 기억하라. 아들이 즐겁게 실천한 것은 그것이 바로 아버지의 뜻이었기 때문이다. "이 계명은 내 아버지에게서 받았노라"(요 10:18). 예수님은 이것 때문에 자신의 목숨을 내놓을 수 있었다. 예수님과 우리의 연합, 그리고 예수님처럼 살라는 부르심은 '아들'이라는 이 한 단어가 그분의 삶과 능력의 비밀이라는 사실을 언제나 일러준다.

날마다 우리는 "나는 아버지의 사랑을 받는 자녀"라 말하고, 모든 계명을 아버지의 뜻으로 간주하는 것을 가장 큰 소망으로 삼아야 한다. 예수님처럼 아들이라는 의식을 가질 때 비로소 우리는 예수님처럼 온전히 순종하게 된다.

* * * * *

나의 하나님!

하나님의 아들이 사람이 되었다는 이 놀라운 선물을 주시고 사람이 하나님의 뜻을 행할 수 있는 방법을 일러주시니 감사합니다. 예수님을 닮도록 영광스럽게 부르셔서 그분과 함께 하나님의 영광스럽고 완전한 뜻과 완벽하게 조화를 이루는 복된 삶을 맛보게 하시니 역시 감사합니다. 예수님 안에서 그 모든 뜻을 감당하고 실천할 수 있는 능력을 주시니 감사합니다. 이것을 통해서 예수님처럼 될 수 있게 하심을 역시 감사합니다.

나의 아버지!

이제 저의 소명을 아이처럼 새롭게 받아들여 즐겁게 신뢰하고 사랑하겠습니다. 아버지 하나님의 뜻만 전적으로 실천하면서 살고 싶습니다. 말씀 안에 거하면서 성령님을 기다리고 싶습니다. 예수님처럼 날마다 기도로써 교제하는 삶을 살면서 언제나 하나님의 뜻을 더 뚜렷하게 직접 일깨워주실 것을 확신하고 싶습니다.

나의 하나님 아버지!

제 소원이 하나님이 보시기에 합당하게 하소서. 영원히 계속

해서 그런 생각을 품게 하소서. 은총을 허락하셔서서 언제나 진정
으로 즐거워하며 이렇게 말하게 하소서. 저의 뜻이 아니라 아버
지의 뜻이 이루어지이다. 제가 이 세상에 있는 이유는 오직 아
버지 하나님의 뜻을 실천하기 위함입니다. 아멘.

P·A·R·T·4

긍휼히 여김으로
사랑을 행하고

01

불쌍히 여기는
자비로운 사랑으로

예수께서 제자들을 불러 이르시되 내가 무리를 불쌍히 여기노라. 마태복음 15:32.

내가 너를 불쌍히 여김과 같이 너도 네 동료를 불쌍히 여김이 마땅하지 아니하냐. 마태복음 18:33.

사도 마태는 예수님이 무리를 불쌍히 여긴 장면을 세 차례나 소개하고 있다. 예수님은 일평생 죄인들을 바라보고 불쌍히 여기시며, 비참하고 슬픈 광경 때문에 애처로움을 느끼셨다. 이것 때문에 주님은 자비하신 하나님, 그리고 탕자를 불쌍히 여겨 무릎 꿇고 입을 맞춘 아버지를 그대로 반영한다.

예수님이 이렇게 불쌍하게 여기는 모습을 통해서 우리는 그분이 하나님의 뜻을 임무나 의무로 간주하지 않았다는 사실을 알수 있다. 오히려 주님은 자기 안에 거하는 하나님의 뜻을 자신의 뜻으로 간주하고 모든 감정과 동기를 거기에 맞추셨다. 예수님은 "내가 하늘에서 내려온 것은 내 뜻을 행하려 함이 아니요 나를 보내신 이의 뜻을 행하려 함이니라"(요 6:38)고 말씀하시고 나서 곧바로 이렇게 말씀하셨다. "나를 보내신 이의 뜻은 내게 주신 자 중에 내가 하나도 잃어버리지 아니하고 마지막 날에 다시 살리는 이것이니라. 내 아버지의 뜻은 아들을 보고 믿는 자마다 영생을 얻는 이것이니 마지막 날에 내가 이를 다시 살리리라 하시니라"(요 6:39-40). 예수님에게는 하나님의 뜻이 금지되고 지시된 일들 가운데 있는 게 아니었다. 예수님은 하나님의 뜻의 핵심으로 들어가셨다. 즉 영생을 주시기 위해서 잃어버린 죄인들을 찾아가신 것이다. 하나님 자신이 사랑이기 때문에 죄인들을 모두 구원해야 한다는 것이 하나님의 생각이셨다.

예수님은 이 하나님의 뜻을 실현하고 성취하려고 세상에 오셨다. 낯선 이의 뜻에 복종하는 종처럼 이 일을 처리하지 않으셨다. 예수님은 자신의 삶과 모든 성품으로 죄인들을 구원하려는 하나님의 뜻을 자기 뜻으로 삼고 있다는 사실을 직접 입증하셨다. 골고다에서 십자가에 달리는 것만이 아니라 모든 비참한 이들의 필요를 받아들여 감당하신 예수님의 자비, 그리고 그들과 함께한 다정한 교제까지 모두 하나님의 뜻이 진정으로 예수님 자신의 뜻이 되었음을 보여주는 증거였다. 예수님은 자신의 삶에 가치를 두신 것이 아니라 하나님의 뜻을 실천하는 기회로 간주하셨다.

예수님을 따르는 우리는 그분을 본받는 일에 헌신했으니 예수님처럼 하나님의 뜻을 우리의 뜻으로 삼아야 한다. 아들의 사명 속에 있는 아버지의 뜻은 잃어버린 죄인들에게 신적 자비를 드러내고 승리를 거두는 일이다. 예수님이 그 뜻을 성취하기 위해서는 이 자비를 소유하고 베푸시는 일 말고는 달리 방법이 없었다. 예수님을 향한 하나님의 뜻과 우리의 그것은 다르지 않다. 그것은 멸망하는 이를 구원하는 것이다. 우리의 삶을 통해 하나님의 자비를 소유하고 감당하고 보여주는 것 이외에는 그 뜻을 성취하는 것이 불가능하다.

하나님의 뜻을 추구하기 위해서는 하나님이 금지하신 일을 하지 않거나 하나님이 명령하시는 일을 하는 것에 그쳐서는 안 된다. 우리 자신을 굴복시켜 하나님이 죄인들을 대하시는 동일한 생각과 자세를 갖고, 오직 그 일을 위해 사는 데서 기쁨과 즐거움을 찾아야 한다. 주변의 불쌍하게 멸망해가는 죄인들에게 지극히 인격적으로 헌신하고 불쌍히 여기는 사랑으로써 하나님의 뜻이 우리의 뜻이 되었다는 사실을 보여주어야 한다. 자비하신 하나님과 불쌍히 여기는 마음이 지극히 크신 예수님이 우리의 생명이 되시기에 그리스도인이라면 누구나 자비로운 사랑의 삶을 살아야 한다.

자비는 궁핍하고 비참한 상황을 목격할 때 솟아나는 사랑의 마음이다. 세상이 고통과 죄악뿐이니 하늘의 덕목인 이 자비를 실천해야 할 필요가 얼마나 간절하겠는가! 그러므로 그리스도인이라면 누구든지 자비심을 복된 예수님을 닮는 무엇보다 고귀한 표지로 간주하고 기도와 실천으로 계발해야 한다.

영원한 사랑은 멸망하는 세상에 스스로를 바치고 잃어버린 사람을 구원하는 일에서 만족을 찾으려 한다. 그것은 하나님의 사랑을 채울 수 있는 그릇을 찾아서 죽어가는 이들에게 마시게 하고 영원히 살게 하는 것이다. 그것은 죄인들의 모든 필요를 목격할 때 따뜻한 자비가 마음에 가득하기를 요구하는 것이다. 그것은 하나님의 자비를 나눠주고 죄인을 축복하고 구원하는 일에 전적으로 헌신하는 것을 더할 나위 없는 축복으로 간주하려는 마음을 요구하는 것이다. 그럴 때 긍휼을 베푸시는 영원한 자비의 예수님이, 이미 그것을 경험한 우리를 부르고 찾아오셔서 가득 채워주실 것이다. 그렇게 되면 주변의 모든 사람에게 자비를 베풀어서 하나님의 사랑의 증인이 될 것이다.

우리는 주변 사람들에게 자비를 보여줄 수 있는 기회가 자주 있다. 이 세상에는 궁핍이 얼마나 심한지 알 수 없다. 가난하고 병들거나 불의의 사고로 고통을 겪는 낙심한 영혼들이 얼마나 많은가! 그들에게 희망이 되는 것은 자비의 마음밖에 없다. 그리스도인들 가운데도 그런 이들이 있다. 그런데 그들은 자신의 구원에만 관심을 갖는 이들보다 세상 사람들이 동정을 베풀 때가 더 많다고 가끔 불평하기도 한다. 우리는 불쌍히 여기는 마음을 달라고 간절히 기도해야 한다. 그리고 늘 주변을 살펴서 사랑의 일을 실천할 수 있는 기회를 찾고, 늘 자비하신 하나님의 도구가 될 준비를 하고 있어야 한다. 이 세상에서 그렇게 많은 사람들이 예수님께 이끌린 것은 자비로운 사랑 덕분이다. 영혼들을 주님께로 여전히 이끌 수 있는 것은 무엇보다 자비한 사랑이다.

그리고 우리가 사방을 둘러보면 영적인 고통이 너무나 많다. 부유하지만 불쌍한 사람들이 있다. 어리석고 아무 생각이 없는 젊은이들이 있다. 술에 빠져 지내는 불쌍한 사람과 소망이 없을 정도로 타락한 사람들이 있다. 이런 정도는 아니지만 자신을 둘러싼 세상의 어리석음에 완전히 젖어 사는 이들도 있다. 이 모든 이들에게 애정 없이 무관심하고 거칠게 판단하며 불친절할 말을 할 때가 얼마나 많은지 알 수 없다! 자비로운 마음은 찾아보기 어렵다. 자비는 더할 나위 없는 고통을 하나님이 예비하신 자리로 간주하고 거기에 이끌린다. 자비는 결코 지치거나 소망을 포기하지 않는다. 자비는 거절당하는 것을 용납하지 않는다. 그것은 자기를 부인하는 예수님의 사랑이 불러일으키는 마음이기 때문이다.

우리는 자비를 자신이 속한 세계에 국한해서는 안 된다. 넉넉한 마음을 가져야 한다. 예수님은 이방 세계 모든 곳이 노력해야 할 현장이라고 일러주셨다. 우리는 이방인의 상황을 파악하려고 노력해야 한다. 그들의 짐을 마음으로 함께 짊어져야 한다. 자비하기 때문에 진정으로 감동받고 그들을 돕고 싶다는 생각을 해야 한다. 이교적인 것이 너무 심하든 그렇지 않든 간에, 그것이 아무리 더럽거나 추하든 간에 자비로운 사랑은 오직 멸망하는 이들을 구원하고 하나님의 뜻을 이루기 위해서 사는 것이다.

"그리스도가 불쌍하게 여기셨듯이." 이제는 이 말씀을 우리의 표어로 삼아야 한다. 상처 입은 낯선 사람을 불쌍히 여기고 도와준 자비로운 사마리아인의 비유를 말씀하신 예수님은 "가서 너도 이와 같이 하라"고 덧붙이셨다(눅 10:33,37). 자신이 자비로운 사마리아인이었던 예수님은 직접 구원하신 우리 모두에게 말씀하신다. "가서 너도 이와 같이 하라." 우리는 예수님의 자비 때문에 모든 것을 얻고, 예수님의 발자취를 따르며, 예수님의 형상을 본받는 사람들이다. 그러니 예수님의 자비를 세상에 보여줘야 한다. 우리는 할 수 있다. 예수님은 우리 안에 살아 계시고, 예수님의 영이 우리 안에서 활동하시기 때문이다.

자주 기도하고 믿음을 굳게 해서 예수님이 보이신 모범을 우리도 이룰 수 있다고 생각하라. 우리가 그런 자세를 갖추면 주님은 말할 수 없이 즐거워하실 것이다. 주님으로부터 받은 자비로운 사랑을 세상에 보여주라. 그러면 사랑과 자비가 풍성하신 예수님의 마음을 소유하는 말로 다할 수 없는 기쁨이 우리의 몫이 될 것이다.

* * * * *

긍휼하신 나의 주님!

제게 맡겨진 소명이 너무 어려운 일이 되어가는 것 같습니다! 저는 주님의 자비로운 사랑으로 주님의 삶을 뒤따르고 본받고 그대로 보여주어야 합니다. 주님의 자비로써 육체적이고 영적인 고통을 낱낱이 바라보고 도우며, 또 주님의 다정하고 부드러운 사랑으로 모든 죄인을 축복하려는 의도를 깨닫고, 세상으로 하여금 주님의 자비를 어떤 형태로든지 간에 알게 해야 합니다. 누구보다 긍휼하신 하나님, 세상이 저를 통해 그것을 거의 못 본 것을 용서하소서. 누구보다 강하신 하나님, 하나님의 자비가 저를 구원하실 뿐 아니라 저를 사로잡아서 제 안에 거하여 삶의 호흡과 기쁨이 되게 하소서.

복된 나의 주 예수님!

주님은 이것을 한 가지 조건에 맞춰서 허락하신다는 것을 알고 있습니다. 저는 그런 삶을 지속하고 거룩하게 하려는 스스로의 노력을 포기하고, 오직 주님이 제 안에 살고 저의 생명이 되도록 해야 합니다. 누구보다 긍휼하신 주님께 저를 바칩니다. 주님만이 저를 소유하십니다. 주님의 자비로운 모습보다 귀한 것은 없습니다. 주님을 닮는 것보다 더 복된 일이 무엇이겠습니까?

인애하신 사랑의 주님!

제가 여기 있습니다. "내가 너를 불쌍히 여김과 같이 너도 네 동료를 불쌍히 여김이 마땅하지 아니하냐"(마 18:33)는 주님의 말씀을 순종하도록 가르치고 준비하게 하실 것이라고 믿습니다. 이런 믿음으로 오늘 다른 이들과 교제하며 주님이 얼마나 저를 사랑하시는지 보여줄 수 있는 기회를 갖겠습니다. 그런 믿음으로 사람들을 주님에게 이끄는 일을 인생의 커다란 목적으로 삼겠습니다. 아멘.

감춰진 내적 생명의
일치를 이루라

나는 세상에 더 있지 아니하오나 그들은 세상에 있사옵고 나는 아버지께로 가옵나니 거룩하신 아버지여 내게 주신 아버지의 이름으로 그들을 보전하사 우리와 같이 그들도 하나가 되게 하옵소서. …아버지여 아버지께서 내 안에 내가 아버지 안에 있는 것같이 그들도 다 하나가 되어 우리 안에 있게 하사 세상으로 아버지께서 나를 보내신 것을 믿게 하옵소서. 내게 주신 영광을 내가 그들에게 주었사오니 이는 우리가 하나가 된 것같이 그들도 하나가 되게 하려 함이니이다. 곧 내가 그들 안에 있고 아버지께서 내 안에 계시어 그들로 온전함을 이루어 하나가 되게 하려 함은 아버지께서 나를 보내신 것과 또 나를 사랑하심 같이 그들도 사랑하신 것을 세상으로 알게 하려 함이로소이다. 요한복음 17:11,21-23.

예수님의 대제사장 같은 이 기도를 통해서 우리는 놀라운 보화를 얻게 된다. 여기에 예수님의 마음이 활짝 드러나 있어서 그분의 사랑이 우리에게 요구하는 것이 무엇인지 알게 된다. 하늘이 열려서 중보자가 되시는 예수님이 아버지께 계속 간구하고 응답받는 것이 무엇인지 배울 수 있다. 장차 믿음을 갖게 될 모두를 위한 예수님의 기도는 요한복음 17장 20절부터 26절의 핵심이다. 우리 주님은 여기에서 일치를 위한 기도를 세 차례나 반복하셨다. 그만큼 예수님은 성도들 간의 연합을 매우 중요하게 여기셨다.

예수님은 자신이 어째서 그것을 강력하게 바라는지 분명히 설명하셨다. 이 일치는 하나님이 자신을 보내셨다는 것을 세상에 확증하는 유일한 증거이다. 세상은 앞을 완전히 못 보면서도 이기심이 죄의 저주라는 것을 알고 있다. 하나님의 자녀들이 거듭났고 행복하며, 예수님의 이름으로 이적을 일으킬 수 있고, 성경의 가르침을 진리로 증명할 수 있다고 말하더라도 이기심을 갖고 있는 한 별다른 도움이 되지 않는다. 그러나 이기심이 사라진 교회를 보면 그리스도의 신적 사명만이 교인들의 영혼을 가득 채우고 있다. 왜냐하면 이런 공동체는 주님이 행하신 놀라운 사랑을 반영하고 있기 때문이다.

예수님은 이 연합을 자신과 아버지의 하나 됨을 반영하는 것이라고 세 차례나 언급하셨다. 예수님은 이것이 신격의 완전한 모습, 즉 아버지와 아들이 분리된 위격이지만 성령의 살아 있는 교제 속에서 완벽하게 하나가 된다는 것을 알고 계셨다. 그리고 자신과 아버지가 하나인 것처럼 믿음의 사람들이 자신과 더불어 자신 안에서 서로 하나가 되는 것보다 더 소중한 일은 없다고 말씀하셨다.

예수님의 중보는 상당한 도움이 된다. 그것은 압도적인 영향력을 발휘한다. 예수님이 간구하시면 하나님이 응답하신다. 하지만 안타까운 일이다. 축복이 내려도 마음이 닫혀 있어서 들어가거나 받을 수 있는 통로가 없다. 아버지와 아들이 하나인 것처럼 서로 하나가 되기를 거부하는 성도들이 얼마나 많은지 알 수 없다. 그들은 이기심과 불완전한 사랑에 익숙해져서 완전한 사랑을 동경하지 않는다. 그들은 천국에서 만날 때까지 그런 연합을 미루어두었다. 하지만 예수님은 이 세상에서의 삶을 염두에 두시고 두 차례씩이나 말씀하셨다. "세상으로 알게 하려 함이로소이다."

그러기에 우리는 각성해서 다음 기도의 의미와 가치를 깨달아야 한다. "우리와 같이 그들도 하나가 되게 하옵소서." 이런 연합은 삶의 연합이며 동시에 사랑의 연합이다. 일각에서는 이 말씀을 모든 성도가 겉으로는 분리되어 있지만 내적으로는 서로 은밀하게 생명의 연합으로 묶여 있음을 가리킨다고 설명한다. 하지만 이것은 예수님의 생각과는 다르다. 예수님은 세상이 볼 수 있는 것, 성부 하나님과 성자 하나님 사이의 연합이 닮은 것으로 말씀하셨다. 감춰진 내적인 생명의 연합은 눈에 보이는 일치와 사랑의 교제를 통해서 모습을 드러내야 한다. 성도들이 서로 다른 작은 모임에서 주변의 하나님의 자녀들과 사랑으로 충분히 하나가 되어 살지 않을 수 없게 될 때 비로소 하나 될 가능성이 완벽하게 실현된다.

예수님이 하나님과 더불어 보여주셨던 서로를 사랑하는 그런 삶이 바로 성도들 개인에게 주어진 단순한 의무라는 것을 깨닫고, 성령님이 역사하셔서 그런 삶이 이루어지도록 하나님께 부르짖기 시작할 때 비로소 우리는 이런 변화를 기대할 수 있다. 그 불길이 여기저기로 번져서 하나님의 뜻을 진정으로 실천하는 모든 이가 사랑 안에 거하는 일에 헌신하게 될 것이다. 하나님이 사랑이신 것처럼 말이다.

그렇다면 우리는 그런 날이 속히 오기를 기대하면서 지금 어떻게 해야 할까? 예수님의 말씀("너도 나처럼 행하라")을 진지하게 여기는 사람은 누구든지 자기가 속한 모임의 친구들에게서 시작한다. 그리고 그 모임에서 자신이 먼저 시작한다. 그리스도의 지체들이 제아무리 연약하고 병들었어도, 아무리 악하고 부패했더라도 그들과 친밀한 교제를 나누고 사랑하면서 살아간다. 그들이 그것을 원하든 그렇지 않든 간에, 받아들이든 거절하든 간에 예수님과 같은 사랑으로 그들을 사랑한다. 예수님처럼 그들을 사랑하는 일을 삶의 목표로 삼는다. 이런 사랑이 적어도 몇몇의 마음을 움직여서 사랑과 완전한 하나 됨의 삶을 추구하고 싶은 열망이 그들에게 일어날 것이다.

하지만 지금까지 일상적인 그리스도인의 삶을 사는 것으로 만족해온 무능력한 성도들은 이런 기준에 도달하는 것이 정말 불가능하다. 인격적으로 온전히 헌신하지 않으면 전혀 소용이 없다는 사실을 곧 알게 될 것이다. 예수님과 같은 사랑을 소유하려면 진정으로 예수님과 같은 삶을 소유해야 한다. 그분과 함께 삶을 살아야 한다. 다음과 같은 교훈을 다시 익혀야 한다. "예수님은 그 말씀 그대로 담대하게 자신을 신뢰하는 이들의 삶이 되어주신다. 예수님을 충분히 신뢰하지 않으면 충분히 사랑할 수 없다."

우리는 그런 삶으로 나아갈 수 있는 단순한 길에 한 번 더 귀를 기울여야 한다. 먼저 예수님처럼 살고 사랑하라는 부름을 받았다는 사실을 인정해야 한다. 그리고 이런 부름을 수행할 수 있는 능력이 전혀 없다는 사실 또한 고백해야 한다. 우리가 예수님께 철저히 헌신한다면 우리가 이 부름을 감당하도록 예수님이 우리를 준비시키려 기다리고 계신다는 말씀에 귀를 기울여야 한다. 이 교훈에 헌신해야 한다. 스스로의 힘으로는 어떤 일도 할 수 없다는 사실을 인식하고, 자신을 예수님께 바쳐서 그분이 우리의 의지와 행동을 모두 움직이게 해야 한다. 그러고 나서 예수님을 더할 나위 없이 신뢰해야 한다.

예수님은 우리를 위해서 부단히 간구하시고, 우리를 위해서 아버지께 간구하신 일을 우리 안에서 완전히 이루시는 분이다. 그러기에 우리는 예수님의 말씀처럼 그분을 신뢰해야 한다. "아버지께서 내 안에, 내가 아버지 안에 있는 것같이 그들도 다 하나가 되어 우리 안에 있게 하옵소서"(요 17:21). 예수님은 우리 안에서 하늘의 능력으로 자신의 생명을 나타내실 것이다. 우리도 그분의 생명으로 살면 그분의 사랑으로 사랑할 수 있게 될 것이다.

우리는 예수님이 아버지와 하나 된 것을 모범으로 삼아야 한다. 우리도 그분들처럼 하나가 되어야 한다. 서로 사랑하고 서로 섬기며, 서로 참고 서로 도우며, 그리고 서로를 위해서 살아야 한다. 우리의 사랑은 너무 작기에 우리는 예수님이 자신의 사랑을 우리에게 주셔서 서로 사랑할 수 있게 해달라고 간절히 기도해야 한다. 그때 성령님을 통해서 하나님의 사랑이 우리의 마음을 널리 비추게 되면, 우리는 서로 하나 되어 아버지가 아들을 세상에 보내신 것과 예수님이 우리 안에 하늘의 생명과 사랑을 주셨다는 사실을 진정으로 깨닫게 된다.

$$* \quad * \quad * \quad * \quad *$$

거룩하신 아버지!

하나님에게 부단히 중보하고 끊임없이 나아가는 삶을 사는 예수님이 무엇을 간구하시는지 이제 알게 되었습니다. 예수님은 제자들의 완벽한 일치를 위해 기도하셨습니다. 아버지, 우리 역시 이 축복을 간구합니다. 안타깝게도 교회는 일치를 잃어버렸습니다. 언어와 나라 때문에 분열된 것을 안타까워하거나 교리와 가르침이 달라서 답답한 것도 아닙니다. 주님, 당신의 교회가 영적으로, 사랑으로 하나가 되어 스스로 하늘나라의 것이라고 확증할 수 있도록 영과 사랑으로 일치하게 하소서.

사랑의 주님!

주님의 자녀들 가운데 여전히 냉랭함과 이기심과 불신과 비웃음이 때때로 목격되는 것을 정말 부끄러워하며 고백합니다. 주님이 뜨겁게 온전히 사랑하도록 부르셨지만 우리가 그렇게 하지 못한 것을 고백합니다. 용서하시고 자비를 베풀어주소서.

주 나의 하나님!

하나님의 사람들을 찾아오소서. 한 분 성령님을 통해서 우리가 한 분 주님 안에서 하나가 된 것을 알 수 있고 보여줄 수 있습니다. 성령님이 주님을 믿는 사람들 안에서 강력하게 역사하셔서 그들이 하나가 되게 하소서. 하나님의 자녀들이 서로 만나는 모든 모임마다 예수님의 사랑 안에서 긴밀하게 연합하는 일이 얼마나 필요한 것인지 깨닫게 하소서. 그리고 제 마음 역시 이기심을 벗고서 주님의 자녀들과 교제하며 하나님 아버지와 아들이 하나 된 것처럼 우리가 얼마나 하나가 되었는지 깨닫게 하소서. 아멘.

03

전적으로 의지하는
------------------------------ 순종의 삶으로

그러므로 예수께서 그들에게 이르시되 내가 진실로 진실로 너희에게 이르노니 아들이 아버지께서 하시는 일을 보지 않고는 아무것도 스스로 할 수 없나니 아버지께서 행하시는 그것을 아들도 그와 같이 행하느니라. 아버지께서 아들을 사랑하사 자기가 행하시는 것을 다 아들에게 보이시고 또 그보다 더 큰 일을 보이사 너희로 놀랍게 여기게 하시리라. 요한복음 5:19-20.

나는 선한 목자라. 나는 내 양을 알고 양도 나를 아는 것이 아버지께서 나를 아시고 내가 아버지를 아는 것 같으니 나는 양을 위하여 목숨을 버리노라. 요한복음 10:14-15.

우리와 예수님의 관계는 예수님과 하나님의 관계와 정확히 일

치한다. 따라서 예수님이 아버지와의 교제를 소개하신 본문 말씀은 우리에게도 그대로 적용된다. 그리고 요한복음 5장에 기록된 예수님의 말씀이 지상이나 하늘에서 아버지와 아들 간의 자연스러운 관계를 설명하고 있기에, 그것은 독생자 예수님만이 아니라 그분 안에서, 그리고 그분처럼 하나님의 자녀로 부름받은 모든 이에게 그대로 적용된다.

단순한 진리와 그것에 대한 설명을 이해하려면 예수님이 목공소에서 지상의 아버지에게서 기술을 익힌 장면을 떠올리는 일보다 더 좋은 방법은 없다. 먼저 주목해야 할 것은 전적인 의존이다. "아들이 아버지께서 하시는 일을 보지 않고는 아무것도 스스로 할 수 없나니." 그러면 아버지를 따르려고 애쓰는 철저한 순종을 확인하게 된다. "아버지께서 행하시는 그것을 아들도 그와 같이 행하느니라." 계속해서 아버지께서 아들에게 베푸시는 사랑의 친밀함을 주목해야 한다. 거기에는 전혀 비밀이 있을 수 없다. "아버지께서 아들을 사랑하사 자기가 행하시는 것을 다 아들에게 보이시고." 그리고 아들 쪽에서는 아버지를 의지하며 순종하고, 아버지 쪽에서는 사랑으로 가르치는 것을 통해서 점점 더 위대한 일로 진보하고 있음을 확인하게 된다. 아들은 한걸음씩 아버지가 할 수 있는 모든 일을 감당하게 될 것이다. "또 그보다 더 큰 일을 보이사 너희로 놀랍게 여기게 하시리라."

이 장면에서 우리는 아버지 하나님과 인간의 모습을 한 아들 간의 관계를 생각하게 된다. 만일 예수님의 인성이 실제로 존재하는 것이고, 또 예수님이 진정으로 얼마나 우리의 모범이 되셔야 하는지를 이해해야 한다면 복된 예수님이 자신의 비밀스러운 내적 삶을 여기서 계시하신다는 사실을 제대로 믿어야 한다. 예수님의 말씀은 문자 그대로 진리이다. 예수님이 지상에서 매순간 아버지를 의지하셨다는 것은 절대적으로 확실한 사실이다. "아들이 아버지께서 하시는 일을 보지 않고는 아무것도 스스로 할 수 없나니." 예수님은 아버지 하나님의 지시를 기다리는 일을 부끄럽게 여기지 않으셨다. 오히려 아들처럼 아버지의 안내와 지도받는 일을 더할 나위 없는 축복으로 간주하셨다. 그래서 예수님은 직접 아버지께 더할 나위 없이 순종함으로써 아버지께서 보여주신 것만 말씀하고 행동하셨다. "아버지께서 행하시는 그것을 아들도 그와 같이 행하느니라."

예수님이 언제나 성경을 따르는 일에 극도로 주의하신 것이 증거가 될 수 있다. 예수님은 고난을 당할 때 성경이 성취되도록 남김없이 겪으셨다. 이를 위해 밤새껏 기도하셨다. 그렇게 계속된 기도를 통해 자기 생각을 아버지께 털어놓고 대답을 기다리셨다. 덕분에 아버지의 뜻을 알 수 있었다. 철없는 아이나 종살이하는 노예라고 해도 예수님이 하늘 아버지의 교훈과 인도하심을 따르신 것처럼 그렇게 지시를 지키려고 애쓰지 않는다. 그래서 하나님은 예수님에게 조금도 감추지 않으셨다. 전적으로 아버지를 의지하고 언제든지 배우려고 하셨기 때문에 예수님은 아버지의 비밀을 모두 파악할 수 있는 특권을 누리셨다. "아버지께서 아들을 사랑하사 자기가 행하시는 것을 다 아들에게 보이시고 또 그보다 더 큰 일을 보이사 너희로 놀랍게 여기게 하시리라."

하나님은 예수님을 위해서 영광스러운 인생의 계획을 마련하셨다. 덕분에 신적 삶이 예수님을 통해 인간의 처지에서 드러날 수 있었다. 아들에게 하나씩 알려진 이 계획은 마침내 모두 영광스럽게 완성되었다. 독생자 예수 그리스도를 위해서만 인생의 계획이 마련된 것이 아니라 하나님의 모든 자녀를 위해서 준비되었다. 우리가 얼마나 하나님의 뜻을 의지하느냐에 따라서 이 인생 계획은 우리의 삶 속에서 그만큼 완벽하게 작동할 것이다.

우리가 "아버지께서 하시는 일을 보지 않고는 아무것도 스스로 하지 않으시는" 아들의 전적인 의존에 더욱 가까이 다가갈수록, 그리고 "아버지께서 행하시는 그것을 그와 같이 행하시는" 아들의 전적인 순종을 가까이하면 할수록 다음의 약속은 훨씬 더 풍성하게 성취될 것이다. "아버지께서 아들을 사랑하사 자기의 행하시는 것을 다 아들에게 보이시고 또 그보다 더 큰 일을 보이시리라." 여기서 이 책의 제목인 '예수님처럼'이라는 표현은 아버지를 전적으로 의지한 아들에게 순종하는 삶을 살도록 우리에게 요구한다. 우리는 저마다 이런 삶을 살도록 초대받은 것이다.

하나님을 의지하는 삶을 살기 위해서 가장 먼저 필요한 것은 하나님이 자신의 뜻을 알려주신다는 확고한 믿음을 갖는 것이다. 내가 보기에는 여기서 많은 사람들이 뒤로 물러서게 된다. 하나님이 예수님에게 하신 것처럼 성도들을 일일이 보살피시고 자신의 뜻을 분명히 알려주신다는 사실을 믿지 못한다. 우리 그리스도인들은 스스로 알고 있는 것보다 더 하나님께 값진 존재이다. 우리는 하나님이 독생자의 피로 값을 치르실 정도로 소중한 존재이다.

그러므로 하나님은 우리와 관계된 일이라면 아무리 사소한 일이라도 더할 나위 없는 가치를 부여하시고, 그런 사소한 일까지도 우리를 인도하신다. 하나님은 우리의 생각 이상으로 우리와 친밀하고 지속적인 교제를 나누려고 하신다. 하나님은 우리의 생각 이상으로 하나님의 영광을 위해서 우리를 사용하고 우리를 소중한 존재로 만드실 수 있다.

아버지는 자녀를 사랑해서 자신이 하는 일을 보여주신다. 하나님은 예수님을 통해서 그것을 증명하셨고, 우리를 통해서도 그렇게 하실 것이다. 그러기에 우리는 하나님의 교훈을 기다리면서 복종해야 한다. 하나님 아버지는 성령님을 통해서 이것을 더할 나위 없이 부드럽게 전달하실 것이다. 하나님은 공동체에서 이끌어내지 않고서도 우리를 그리스도의 형상으로 변화시켜 모두를 위한 축복과 기쁨이 되게 하실 수 있다.

여기서 우리가 주의해야 할 점은 무엇을 하든지 간에 아버지의 자비로우신 사랑을 불신해서 아버지의 인도하심을 부정해서는 안 된다는 것이다. 또한 복종하고 싶지 않은 마음 때문에 뒤로 물러서서도 안 된다는 점이다. 독립하려는 갈망은 낙원에서의 유혹이었다. 그것은 누구에게나 존재하는 유혹이다. 아무것도 아니거나, 아무것도 알지 못하거나, 아무것도 생각하지 않는 것은 불가능한 일처럼 보인다. 하지만 그것은 강력한 축복이다. 이렇게 의존하게 되면 하나님과 더할 나위 없이 복된 교제를 할 수 있게 된다. 그러면 예수님처럼 우리에게도 그것은 현실이 된다. "아버지께서 아들을 사랑하사 자기의 행하시는 것을 다 아들에게 보이시고." 아버지를 의지하면 온갖 걱정과 책임이 사라진다. 우리는 지시를 따르기만 하면 된다. 그러면 진정한 능력과 의지력이 생겨난다. 하나님이 우리 안에서 뜻을 세우고 행하시기 때문이다. 우리의 일이 성공할 것이라는 복된 확신을 갖게 된다. 오직 하나님께만 그것을 맡겼기 때문이다.

이와 같이 의식적으로 의지하고 단순하게 순종하는 삶을 지금껏 잘 몰랐다면 오늘부터 시작하라. 예수님을 이 일의 모범으로 삼으라. 우리 안에서 살고, 그래서 이곳 지상에서의 모습을 우리 안에 또다시 실현하는 것이 예수님의 복된 뜻이다. 예수님은 우리의 동의를 바랄 뿐이다. 그러면 우리 안에서 그 일을 수행하실 것이다. 오늘 하나님께 자신을 맡겨라. 독생자 예수님을 모범으로 좇아서 하나님이 보여주시는 것 외에는 아무것도 하지 않겠다고 결심하라. 예수님을 앞으로 진행될 일의 모범이며 언약으로 삼고 시선을 고정하라. 우리를 위해서 겸손하게 하나님을 의지하는 삶이 얼마나 복된지 보여주신 예수님을 사랑하라.

하나님을 의지하는 삶은 축복이다. 그것은 실제로 하나님께 돌아서게 하는 성향이 있다. 예수님이 하나님의 영광을 누린 것은 그 덕분이다. 영혼이 평안과 안식을 누리게 한다. 하나님께 모든 일을 맡길 수 있기 때문이다. 하나님을 의지하면 마음이 차분해지고, 하나님의 교훈을 받아들여 활용할 수 있는 준비를 하게 된다. 그리고 그렇게 되면 거룩한 교제를 더욱 깊숙이 체험하는 영광을 누리게 되고, 하나님의 뜻을 한층 더 분명하게 발견함으로써 하나님이 기뻐하고 영광받으실 일을 하게 된다.

하나님을 의지하는 삶은 축복이다. 예수님은 자신이 하나님의 아들이라는 사실을 알았기 때문에 즐겁게 아버지를 의지할 수 있었다. 하나님을 아버지로 모시고 아들로 살아가야 하는 삶, 이것이 바로 예수님을 닮는 것에 대한 모든 교훈 가운데 핵심이며 전부이다. 이런 관계가 분명해지면, 즉 아들이 되어 하나님이 나의 전부라는 사실을 깨닫게 되면 하나님을 통해서 살고 또 아버지를 위해서 사는 아들다운 삶이 자연스럽게 저절로 생겨나게 된다.

＊ ＊ ＊ ＊ ＊

나의 전부이신 아버지!

하나님의 아들의 모습을 바라보면 볼수록 나의 끔찍한 본성의 모습이 드러나서 죄악이 얼마나 하나님을 멀리하게 했는지 알게 됩니다. 하나님을 의지하는 것 이외에는 달리 큰 축복이 있을 수 없습니다. 무슨 일이든지 지혜롭고 선하며, 부요하고 능력 있는 하나님을 주님처럼 신뢰하는 것 말고 무엇이 있겠습니까! 그런데 그것은 더할 나위 없이 어려운 일이 되어버렸습니다. 영광스러운 하나님보다 우리의 어리석음을 의지하려고 합니다. 지극히 복된 아버지, 아버지의 자녀들도 가끔은 스스로의 생각과 의지를 포기하고 하나님을 전적으로 의지하는 삶만이 진정한 축복이라는 사실을 믿는 것이 너무 힘들다고 생각하기도 합니다.

나의 전부이신 주님!

겸손히 기도하며 주님께 나아갑니다. 이것을 가르쳐주소서. 저를 위해 영원한 축복의 값으로 자신의 피를 치른 주님은 축복이 무엇인지 직접 삶을 통해서 보여주셨습니다. 그리고 지금도 저를 인도하시고 그렇게 살게 하실 것을 알고 있습니다. 나의 아버지, 하나님의 아들 안에서 저를 당신께 바칩니다. 예수님을 닮게 하셔서 예수님처럼 하나님의 모습을 보지 않고서는 아무 일도 하지 않게 하소서. 아버지, 아버지는 독생자를 위해서 저를 받으시고, 독생자를 위하여 직접 훈련시키고 행하시는 것을 보여주십니다. 나의 하나님, 예수님에게처럼 제게도 아버지가 되어주시고, 예수님처럼 저를 하나님의 아들로 삼아주소서. 아멘.

진정한 사랑으로
전부를 허락하라

새 계명을 너희에게 주노니 서로 사랑하라. 내가 너희를 사랑한
것같이 너희도 서로 사랑하라. 요한복음 13:34.

내 계명은 곧 내가 너희를 사랑한 것같이 너희도 서로 사랑하라
하는 이것이니라. 요한복음 15:12.

우리에게 죄와 약함을 납득시키는 것은 율법의 계명이 아니라
더 나은 언약에 근거하는 새로운 계약에 따른 새로운 계명이다.
그것은 예수님이 직접 공급하지 않는 것은 전혀 요구하지 않으
시면서, 지금 제시하고 있는 그분의 계명이다. 또 그것은 주님
이 우리 안에서 일하시지 않으면 우리에게 조금도 기대하지 않
는 확신이기도 하다. 예수님은 이렇게 말씀하신다. "내가 너희

를 사랑했고 순간마다 성령을 통해 그 사랑을 부어주니 서로 사랑하라. 너희가 행하는 사랑의 기준과 능력과 노력은 너희를 위한 내 사랑 안에서 확인하게 될 것이다."

"내가 너희를 사랑한 것같이"라는 말씀은 우리가 서로 사랑해야 하는 사랑의 기준이다. 진정한 사랑은 기준이 없다. 전부를 허락한다. 모습을 드러내려면 시간과 기준이 필요하지만 사랑 그 자체는 언제나 하나이고 구분되지 않는다. 아버지와 아들이 사랑으로 하나의 존재가 되어 각자 상대 안에서 스스로를 고집하지 않는 이것이 바로 더할 나위 없이 영광스러운 신적 사랑이다. 아버지께서 아들을 사랑하셨듯이 우리를 사랑하신다는 것이 하나님의 형상인 예수님의 영광스러운 사랑이다. 그리고 하나님과 예수님처럼 사랑 이외에는 다른 법을 알지 못하는 것이 영광스러운 형제의 사랑이다.

예수님처럼 되고 싶은 사람은 주저하지 않고 이것을 삶의 기준으로 받아들여야 한다. 우리는 불쾌하고 달갑지 않은 형제를 사랑하는 게 얼마나 어렵고 불가능한지 알고 있다. 그래서 사랑을 실천해야 하는 상황을 맞이하기 전에 은밀하게 주님을 찾아간다. 스스로의 죄와 무익함에 시선을 고정한 채 이렇게 고백한다. "주님의 은혜가 정말 큽니다." 예수님을 닮으려는 사람은 십자가 앞으로 나아가 예수님이 자기를 사랑하신 그 사랑을 헤아리려고 노력한다. 하늘에 있는 주님의 한없는 사랑의 빛이 그의 영혼을 비추면 그 신적 사랑에는 단 한 가지 법칙뿐이라는 사실을 느끼고 깨닫게 된다. 사랑은 자기를 구하지 않고 아낌없이 내준다는 사실 말이다.

그러면 그는 주님 앞에 있는 제단에 자신을 올려놓고 고백한다. "주님이 사랑하신 것처럼 형제를 사랑하겠습니다. 내가 예수님과 연합되어 있고 예수님이 그들과 연합되어 있으니, 그들을 예수님처럼 사랑하는 것에는 다른 의문이 없습니다." 우리는 스스로의 생각에 귀를 닫고, 우리를 사랑하신 예수님이 직접 모범을 보이신 그 법에만 시선을 고정시켜야 한다. 그러면 주님의 계명을 받아들여서 따르는 것 말고는 달리 할 일이 없음을 깨닫게 된다.

우리의 사랑은 주님의 것 이외에는 필요하지 않다. 주님의 사랑이 우리에게 능력이 된다. 예수님의 사랑은 단순히 생각이나 감정이 아니다. 진정한 신적 생명력이다. 만약 우리가 이것을 깨닫지 못한다면 그것은 우리 안에서 제대로 능력을 발휘하지 못할 것이다. 하지만 예수님의 사랑은 사랑하는 사람들에게 스스로를 나눠주는 것임을 믿음으로 깨닫고서 이 사랑에 뿌리를 내리고 삶을 지탱하는 근본으로 삼게 된다면, 그 사람은 예수님이 요구하시는 것이 자신의 삶을 거쳐서 다른 사람들에게 흘러가게 하는 것뿐이라는 사실을 깨닫게 된다. 그것을 위해서는 예수님의 능력으로 살아야 한다. 예수님의 사랑은 우리를 그분처럼 사랑하지 않을 수 없게 강력히 몰아간다.

이런 예수님의 사랑 때문에 우리는 다른 사람들에게 어떤 사랑을 베풀어야 하는지 알게 된다. 우리는 사랑이 다양한 모습을 드러내는 것, 즉 사랑의 봉사와 사랑의 자기부정과 온유함을 이미 알고 있다. 이 모두의 뿌리는 사랑이다. 진정으로 부름받은 모습이 무엇인지 사랑을 통해서 배운 제자는 자신이 속한 모임에서 예수님처럼 오직 다른 사람들을 사랑하고 돕는 삶을 살아간다.

사도 바울은 빌립보교회를 위해서 기도했다. "내가 기도하노라. 너희 사랑을 지식과 모든 총명으로 점점 더 풍성하게 하사 너희로 지극히 선한 것을 분별하며"(빌 1:9-10). 사랑은 할 수 있는 일이 무엇인지 곧장 파악하지 못한다. 사랑이 지식을 통해 풍성해지고 예수님이 보여주신 모범이 삶의 기준이 되기를 기도하는 그리스도인은 자신이 해야 할 일이 얼마나 대단하고 영광스러운 일인지 확실히 깨닫게 된다.

우리는 하나님의 교회, 그리고 세상의 모든 사람에게 예수님의 사랑을 구체화해야 할 필요성이 무엇보다 절실하다는 사실을 알고 있다. "내가 너희를 사랑한 것같이 너희도 서로 사랑하라"는 주님의 말씀을 반드시 따라야 할 계명으로 받아들이고, 누구를 만나든지 축복하고 섬기면서 예수님의 사랑을 자랑하게 된다. 사랑은 예수님의 놀라운 삶과 죽음을 남김없이 설명해주기 때문이다. 지금도 하나님의 자녀 안에 있는 신적 사랑은 여전히 강력한 기적을 수행하고 있다.

그러기에 "보라. 아버지께서 어떠한 사랑을 우리에게 베푸사"(요일 3:1), "보라. 그를 얼마나 사랑하셨는가"(요 11:36)라는 이 말씀들은 아버지와 아들의 사랑을 소개한다. 이것들이 모든 그리스도인의 삶을 소개하는 핵심 단어가 되어야 한다. 예수님처럼 사랑하라는 계명을 살아 있는 믿음과 진정으로 헌신된 삶의 규범으로 받아들이면 가능하다. 일찍이 아브라함이 부름을 받았을 때부터 이 원리는 하나님 나라의 살아 있는 씨앗으로 저장되었다. 하나님이 우리를 위해 하시는 일을 우리는 다른 이들에게 해야 한다. 하나님은 "네게 복을 주어" 그리고 "너는 복이 될지라"(창 12:2)고 말씀하셨다. "내가 너희를 사랑한 것같이"라는 말씀이 하나님이 우리를 위해서 하신 일을 가장 잘 보여준다면 "너희도 서로 사랑하라"는 말씀은 하나님의 자녀가 어떤 모습이어야 하는지 무엇보다 가장 잘 보여주는 표현이 되어야 한다. 교회에서의 설교처럼 삶을 통해서도 예수님처럼 사랑하는 사랑이 진정한 제자 됨의 표지라는 것이 전해져야 한다.

예수님은 우리가 주변 사람들에게 사랑의 샘이 되기를 바라신다. 하늘의 사랑은 우리를 통해서 이 세상에서 그런 복된 일이 일어날 수 있도록 기쁘게 우리를 사로잡는다. 그러기에 우리는 사랑을 규범으로 삼아야 한다. 사랑이 거하는 데 자신을 전적으로 바쳐야 한다. 그 사랑이 예수님처럼 사랑하도록 가르쳐 줄 수 있다고 확신하면서 귀하게 여겨야 한다. 예수님을 닮는 것이 우리 삶의 주요 표지가 되는 것처럼 사랑은 그분을 닮는 모습의 주요 표지가 되어야 한다. 즉시 그 수준에 도달하지 못해도 낙심해서는 안 된다. "내가 너희를 사랑한 것같이 너희도 서로 사랑하라"는 계명을 단단히 붙들기만 하면 된다. 거기까지 도달하는 데는 시간이 필요하다. 그 사랑의 모습을 은밀하게 바라보는 시간이 필요하다.

그런 갈망이 불타도록 기도와 묵상의 시간을 가져라. 어떤 상대든지 어떤 상황이든지 간에 "내가 반드시 그들을 사랑하겠다"는 이 한 가지 생각으로 주변을 둘러보는 시간을 가져라. 주님과의 연합을 의식하면서 그런 사랑이 가능한지 두려움이 생길 때마다 "내가 사랑한 것같이 사랑하라고 명하지 아니하였느냐"라는 말씀을 떠올릴 수 있는 시간을 가져라. 그런 교제의 시간을 가지면 가질수록 우리는 예수님처럼 사랑하라는 이 계명을 더욱 즐겁게 따를 수 있게 될 것이다.

* * * * *

사랑스러운 나의 주님!
그토록 놀랍게 사랑하시고 저도 그처럼 사랑하라고 명령하시는 주 예수님, 주님의 발 앞에 있는 저를 바라보소서. 즐겁게 주님의 계명을 받아들이고, 이제 주님이 주시는 힘으로 모두에게 주님의 사랑을 나타내겠습니다. 주님, 주님의 능력을 의지합니다. 그러니 주님의 사랑을 가르쳐주소서. 성령님을 통하여 주님의 사랑을 제 마음에 비추소서. 하나님의 사랑을 받고 있다는 사실을 순간마다 경험하며 살게 하소서.

모든 것이 사랑이신 나의 주님!

나의 사랑이 아니라 주님의 사랑으로 살 수 있다는 것을 깨닫게 하소서. 주님이 제 안에 거하시고, 주님의 영이 제 안에 거하고 역사하십니다. 다른 이들을 사랑할 수 있는 사랑이 주님에게서 흘러나옵니다. 주님은 제가 소명을 깨닫고 받아들여서 스스로를 복종시키고 주님처럼 살도록 제게 요구하십니다. 주님은 이기적이고 사랑을 모르는 옛 성품을 십자가에 못 박은 것으로 간주하고, 주님의 명령을 믿음으로 실천할 준비를 하도록 요구하십니다. 주님, 그렇게 하겠습니다. 주님이 주시는 능력으로 주님이 저를 사랑하신 것처럼 그렇게 사랑하는 삶을 살겠습니다. 아멘.

P·A·R·T·5

기도하며 말씀으로
양식을 삼고

01

한적한 곳으로 나가
기도하라

새벽 아직도 밝기 전에 예수께서 일어나 나가 한적한 곳으로 가
사 거기서 기도하시더니. 마가복음 1:35.

이르시되 너희는 따로 한적한 곳에 가서 잠깐 쉬어라 하시니 이
는 오고 가는 사람이 많아 음식 먹을 겨를도 없음이라. 마가복
음 6:31.

우리의 모범이 되시는 예수님은 은밀한 기도의 삶을 사셨다. 예
수님은 사람들과 떨어져서 하나님 아버지와 교제하지 않으면
영혼에 있는 하늘의 생명을 유지하실 수 없었다. 내 안에 있는
하늘의 생명 역시 사람들을 벗어나도록 요구한다. 한순간이 아
니라 생명의 근원 되시는 하늘 아버지와 교제하기에 충분한 시

간이 필요하다.

예수님의 공생애 초기에 제자들의 관심을 집중시킨 사건이 일어났다. 가버나움에서 이적과 사역으로 정신없이 하루를 보내고 저녁이 되자 무리들이 훨씬 더 불어났다(막 1:21-32). 마을 사람들이 모여들었고 병자가 치료받았으며 귀신이 쫓겨났다. 제자들은 늦게 잠자리에 들었다. 군중 사이에서는 조용하게 은밀한 기도를 할 수 있는 여유가 없었다. 그런데 제자들이 일찍 일어나 보니 예수님이 자리에 안 계셨다. 고요한 밤에 예수님은 혼자만의 장소를 찾아 광야로 나가셨다. 제자들이 그곳을 찾아가 보니 예수님은 여전히 기도하고 계셨다.

예수님은 어째서 이런 기도의 시간이 필요했을까? 아버지께서 그분 안에 거하시지 않았을까? 마음 깊은 곳에서 아버지와의 끊임없는 교제를 누리지 못한 것일까? 아니다. 그런 은밀한 삶은 당연히 예수님의 몫이었다. 하지만 인성의 법칙에 순응해야 하는 그분의 삶은 생명의 근원을 통해 새롭게 충전되어야 했다. 그것에 의존하지 않으면 안 되는 삶이었다. 예수님의 삶은 강하고 진실해서 아버지와의 직접적이고 끊임없는 교제가 단절되는 것을 감당할 수 없었다. 예수님의 삶은 아버지와 더불어, 그리고 아버지 안에서만 존재하고 축복을 누릴 수 있었다.

이것은 우리 모두에게 놀라운 교훈이다! 사람과의 지나친 교제는 영적생활을 침해하고 위험하게 한다. 눈에 보이는 물질적인 것에 영향을 받게 한다. 하나님을 섬기고 사랑을 실천하는 힘마저도 사라지게 한다. 그래서 힘을 쓰지 않으면 다른 이들을 축복할 수 없으니 위로부터 새로워지지 않으면 안 된다. 하나님과의 은밀하고 직접적인 교제를 통해서 재충전해야 한다. 하늘의 것은 지상에 오랫동안 신선하게 유지될 수 없어서 날마다 하늘로부터 새롭게 되어야 한다는 '만나의 법칙'은 여전히 진리이다. 예수님은 우리에게 이렇게 교훈하신다. "나는 날마다 아버지와 은밀하게 교제하지 않으면 안 된다." 우리가 누리는 삶은 예수님의 삶을 닮아서 하늘에, 하나님 안에 감춰져 있다. 날마다 하늘로부터 공급받는 시간이 필요하다. 이 세상에서 하늘의 삶을 살게 하는 능력은 하늘에서만 주어지기 때문이다.

그런데 우리 주님의 기도는 어째서 그렇게 길었을까? 그분의 기도를 들을 수 있다면 올바른 기도를 얼마나 잘 배울 수 있겠는가! 하나님을 찬양할 수밖에 없다. 우리는 기록으로 남은 주님의 기도를 접할 수 있다. 그것을 통해서 그분의 거룩한 모범을 따르는 법을 배울 수 있다. 우리는 대제사장의 기도(요 17장)를 통해서 하늘나라의 깊은 고요 속에서 하나님께 간구하는 음성을 들을 수 있다. 몇 시간 뒤의 겟세마네의 기도로부터는 하나님께 은밀한 문제와 어둠을 털어놓는 모습을 접하게 된다. 이 두 가지 기도 덕분에 우리는 전모를 알 수 있다. 아버지와 아들이 기도를 통해 나누는 교제에는 가장 높은 것과 가장 깊은 것이 드러나기 마련이라는 사실을.

우리는 이 두 가지 기도를 통해서 주님이 아버지를 어떻게 부르셨는지 알 수 있다. 매번 "아버지여! 나의 아버지여!"라고 부르셨다. 그 이름 안에 기도의 모든 비밀이 자리 잡고 있다. 주님은 자신이 아들이고 아버지의 사랑을 받고 있다는 사실을 알고 계셨다. 예수님은 그 이름을 갖고서 아버지의 정면에 자신의 모습을 드러내셨다. 아버지의 사랑을 완벽하게 누리는 것이 바로 예수님에게는 더할 나위 없는 필요였고 위대한 축복이었다. 우리 역시 그래야 한다. 기도의 상당 부분을 거룩한 침묵과 믿음의 경배에 할애하면서 하나님이 스스로를 계시하시고, 성령님을 통해서 아버지로서 내려다보시며, 내가 하나님의 기쁨이 된다는 사랑스러운 확신을 허락하실 때까지 기다려야 한다.

기도하면서 영혼의 평온함을 누리거나 "아빠 아버지"라고 부르는 의미를 제대로 인식하지 못하는 사람은 기도의 핵심을 놓친 것이다. 우리가 하나님의 자녀이고, 아버지께서 가까이 다가와 우리를 즐거워하신다는 성령의 증거가 실제로 이루어지며, 그리하여 우리가 새 힘을 얻는 것은 다 기도 덕분이다. "사랑하는 자들아 만일 우리 마음이 우리를 책망할 것이 없으면 하나님 앞에서 담대함을 얻고 무엇이든지 구하는 바를 그에게서 받나니 이는 우리가 그의 계명을 지키고 그 앞에서 기뻐하시는 것을 행함이라"(요일 3:21-22).

우리는 두 가지 기도를 통해서 예수님이 바라시는 것을 알게 된다. 하나님이 영화롭게 되는 것 말이다. 예수님은 말씀하신 다. "아들을 영화롭게 하사 아들로 아버지를 영화롭게 하옵소서"(요 17:1). 이것이 바로 모든 기도가 간직해야 할 가장 심오한 정신이다. 오직 하나님의 뜻과 영광을 위한 삶 때문에 자신을 완전히 포기하는 것이다. 예수님이 간구하신 것은 오직 한 가지 목적, 즉 하나님을 영화롭게 하는 일이었다. 이 점에서도 예수님은 역시 우리의 모범이시다. 우리는 기도할 때마다 그런 정신을 유지해야 한다. "아버지, 아버지의 자녀를 축복하시고 은혜를 허락하시어 오직 아버지만을 영화롭게 하소서."

우주의 만물은 하나님의 영광을 드러내야 한다. 이런 생각에 감격하고 온통 그것에 사로잡힐 때까지 몸으로 기도하는 사람은 기도의 능력을 얻게 된다. 우리 주님은 하늘나라에서의 사역을 이렇게 소개하셨다. "너희가 내 이름으로 무엇을 구하든지 내가 행하리니 이는 아버지로 하여금 아들로 말미암아 영광을 받으시게 하려 함이라"(요 14:13). 우리 영혼은 바라는 것을 쏟아내기에 앞서, 먼저 자신을 온전한 번제물로 바쳐서 하나님이 나를 통해 영광을 받으시는 그 유일한 목적을 예수님께 배워야 한다.

그러고 나면 기도의 확실한 근거를 얻게 된다. 하나님께 간구하고 싶은 강렬한 바람과 온전한 자유를 느끼며 예수님이 보여주신 모범, 즉 예수님의 형상 모두를 본받아서 하나님이 영광을 받으시도록 기도하고픈 생각이 든다. 우리가 스스로를 포기하고 하나님이 스스로의 영광을 위해 해야 할 일을 하시도록 기다리는 일은 끊임없이 새로워지는 기도 덕분이다. 예수님은 하나님의 영광 때문에 철저히 자신을 포기하고 우리의 중재자가 되셨다.

기도할 때 우리가 예수님처럼 오직 하나님의 영광을 구하는 법을 배우고 나면 진정한 중보자가 되어, 자기의 필요를 갖고 보좌로 나아갈 뿐 아니라 다른 이들을 위해서 효과적으로 뜨겁게 기도할 수 있다. 그와 같은 의로운 사람의 기도는 상당한 영향력을 발휘한다. 예수님의 기도에는 "뜻이… 이루어지이다"라는 표현이 있다. 주님은 모든 면에서 다른 형제들처럼 되셨기 때문에 겟세마네에서 우리를 대신해서 직접 기도하신 것이다. 주님은 대제사장의 기도를 통해서 놀라운 축복을 사람들에게 베풀어달라고 간구하신 것이다. 마찬가지로 우리는 예수님의 속죄와 중보의 능력을 의지해서 그것을 되돌려 받아 예수님처럼 기도할 수 있다. 우리는 제사장의 중보기도 덕분에 예수님처럼 될 수 있다. 교회의 일치와 부흥, 그리고 죄인들의 구원은 상당 부분 그 기도를 의지하고 있다.

그리고 기도할 때마다 하나님의 영광을 일차적인 목적으로 삼는 사람이 그렇게 하도록 하나님의 부름을 받았다면 겟세마네의 기도에 필요한 능력을 얻게 된다. 예수님의 모든 기도는 중보기도였다. 예수님은 우리에게 자신을 주셨기 때문이다. 예수님은 우리의 관심을 위해서 간구하고 응답받으셨다. 예수님의 기도에는 모두 자기희생의 정신이 반영되었다. 우리도 다른 사람들을 위해서 자신을 온전히 하나님께 바쳐야 한다. 예수님처럼 우리 역시 일상에서 기도할 때마다 스스로를 온전히 하나님께 희생 제물로 바쳐야 한다. 그러면 자신의 뜻을 꺾고 눈물과 고통을 겪어야 하는 특별한 행위를 하도록 부름받는 순간을 대비할 수 있다. 일상의 기도를 익힌 사람은 그런 어려움을 감당할 수 있는 능력을 확실히 갖게 된다.

여러분과 내가 예수님처럼 되고 싶다면 예수님이 광야에서 홀로 기도하신 일을 집중적으로 묵상해야 할 필요가 있다. 예수님의 놀라운 삶의 비결이 거기에 있기 때문이다. 예수님은 사람들에게 보여주고 말씀하시기에 앞서 먼저 하나님과 대화하고 함께 행하셨다. 하나님과의 교제 덕분에 성령님의 기름부음은 날마다 새로워졌다. 말과 행동이 예수님을 닮기 원하는 사람은 예수님을 따라 홀로 있는 것에서 시작해야 한다. 밤에 휴식이나 친구들과의 교제를 하지 못하더라도 하나님과 함께 따로 지내야 한다. 은밀한 골방이나 광야처럼 한적한 곳에서 매일 하나님을 찾고 그분과의 교제를 새롭게 해야 한다. 예수님은 매우 바쁜 일정 가운데서도 이렇게 행하셨다. 예수님이 이렇게 행하셨다면 우리에게는 얼마나 더 필요하겠는가! 예수님이 그렇게 하셨다면 우리 역시 그렇게 행해야 한다.

이것은 예수님의 세례에 관한 기록에서도 확실히 나타난다. "백성이 다 세례를 받을새 예수도 세례를 받으시고 기도하실 때에 하늘이 열리며 성령이 비둘기 같은 형체로 그의 위에 강림하시더니 하늘로부터 소리가 나기를 너는 내 사랑하는 아들이라. 내가 너를 기뻐하노라 하시니라"(눅 3:21-22). 우리에게도 이와 같은 기도의 축복이 임할 것이다. 하늘이 열리고, 성령이 강림하며, 하나님의 음성이 들리고, 하나님의 사랑과 선한 기쁨에 대한 복된 확신이 생겨날 것이다. 예수님처럼 우리에게도 위로부터 기도의 응답이 임할 것이다. 예수님을 닮은 은밀한 기도는 공공연하게 예수님처럼 살아가는 비결이 될 수 있다. 함께 일어나서 우리의 놀라운 특권을 누려야 한다. 하나님의 임재 앞에 과감히 나아가서 예수님처럼 하나님께 자유롭게 기도하는 것이 바로 우리의 특권이다.

* * * * *

복된 나의 주님!

주님의 부름받은 저는 주님처럼 무슨 일이든지 주님의 모습을 감당하려고 합니다. 매일 주님의 발자취를 뒤따르면서 어디로 가든지 인도하심을 받고 싶습니다. 오늘 밤이슬을 맞으며 광야로 향하시는 것을 알았습니다. 그곳에서 주님은 오랫동안 아버지 앞에 무릎을 꿇으셨습니다. 그곳에서 주님의 기도 소리를 들었습니다. 주님은 아버지의 영광을 위해서 모든 것을 포기하고, 아버지께 모든 것을 간구하여 기대하고 응답받으셨습니다. 이 놀라운 광경을 내 영혼에 각인시켜주소서. 나의 구세주는 이른 새벽에 일어나서 아버지와 교제하고 삶과 사역에 필요한 모든 것을 기도로 간구하고 응답받으셨습니다.

사랑스러운 나의 구세주시여!

제가 누구라서 주님의 음성에 귀를 기울이게 하십니까? 제가 누구라서 불러주셔서 주님처럼 기도하게 하십니까? 귀하신 구세주시여, 마음 깊은 곳에서부터 간절히 간구합니다. 주님이 그랬던 것처럼 하늘 아버지와의 은밀한 교제를 자주 갖지 않으면 거룩한 삶이 온전히 성장할 수 없음을 더욱 절실히 깨닫게 하소서. 이런 확신이 제 안에서 타올라 하늘의 사랑 강물에 제 영혼이 새롭게 잠기지 않을 수 없게 하소서. 저의 모범과 중보자가 되시는 주님, 주님처럼 기도하는 법을 가르쳐주소서. 아멘.

생명의 말씀으로
양식을 삼아라

내가 너희와 함께 있을 때에 너희에게 말한 바 곧 모세의 율법
과 선지자의 글과 시편에 나를 가리켜 기록된 모든 것이 이루어
져야 하리라 한 말이 이것이라 하시고. 누가복음 24:44.

예수님이 이 세상에서 인간의 모습으로 완성하신 일은 성경에
상당 부분 근거하고 있다. 예수님은 걸어가야 할 길과 일하는
데 필요한 양식과 능력, 그리고 모든 원수를 물리칠 수 있는 무
기를 성경에서 발견하셨다. 성경은 예수님의 삶과 고난에 있어
서 실제로 구분할 수 없을 정도였다. 예수님의 삶은 성경에 기
록된 내용을 처음부터 끝까지 성취하신 것이다.

이것에 대해서는 굳이 증거를 제시할 필요가 없다. 광야에서 시

험받을 때 예수님은 "기록되었으되"라는 말씀을 통해서 사탄을 물리치셨다(마 4:4). 바리새인과 논쟁하실 때 예수님은 줄곧 말씀을 인용하셨다. "성경에 무엇이라고 말씀했느냐?" "읽지 못하였느냐?" "기록되지 아니하였느냐?" 제자들과 교제하실 때도 우리 주 예수님은 항상 성경에 근거해서 자신의 고난과 부활의 불가피성을 확실하게 입증하셨다. "내가 만일 그렇게 하면 이런 일이 있으리라 한 성경이 어떻게 이루어지겠느냐 하시더라"(마 26:54). 그리고 최후의 고난을 앞두고서 하나님과 교제하실 때도 예수님은 자신이 버림받는 것에 대한 안타까움을 성경 말씀을 갖고 토로하고 나서 또다시 성경 말씀으로 자신의 영혼을 아버지의 손에 맡기셨다.

이 모두 깊은 의미를 갖고 있다. 예수님은 살아 있는 말씀 그 자체였다. 예수님은 성령을 한없이 받으셨다. 기록된 말씀 없이 사역할 수 있다면 예수님이 바로 그런 분이셨다. 하지만 우리가 알고 있는 대로 성경은 예수님의 모든 것이다. 그 누구보다 예수님은 인간의 육신에 속한 하나님의 생명과 인간의 말로 된 하나님의 말씀이 불가분 서로 연계되어 있음을 확실하게 보여주셨다. 예수님이 한 걸음 한 걸음 하나님 말씀의 인도와 지지를 받지 않았다면 자신의 모습을 유지하고, 자신의 일을 감당하고, 자신이 누구인지 보여주시지 못했을 것이다.

우리는 이것의 교훈을 이해해야 한다. 하나님의 말씀은 신적 생명의 씨앗이다. 우리는 씨앗이 무엇인지 알고 있다. 씨앗은 눈으로 볼 수 없는 식물이나 나무의 본질을 형성하는 생명이 농축되어 있어서 나무의 생명을 다른 곳으로 옮길 수 있다. 이것을 이중적으로 해석하면 예컨대 옥수수는 열매가 식량이 된다. 식물의 생명은 영양소가 되어 우리의 생명을 유지시킨다. 그렇지 않고 그것을 땅에 심으면 그 식물의 생명이 다시 생겨나고 늘어난다. 이 두 가지 측면에서 볼 때 하나님의 말씀은 곧 씨앗이다.

진정한 생명은 오직 하나님 안에서 찾을 수 있다. 그런데 그 생명은 우리가 알고 이해할 수 있는 어떤 형식으로 주어진다. 눈으로 볼 수 없는 신적 생명은 하나님의 말씀 안에서 형체를 취하고, 우리의 손에 닿을 수 있으며, 전달이 가능해진다. 하나님의 생명과 생각과 감정과 능력이 하나님의 말씀 안에서 구체화된다. 그리고 하나님의 생명이 실제로 우리에게 들어오는 것은 말씀을 통해서 가능할 뿐이다. 하나님의 말씀은 하늘의 생명을 담고 있는 씨앗이기 때문이다.

우리는 생명의 빵을 먹듯이 그 말씀을 먹는다. 일용할 양식을 먹을 때 우리의 몸은 눈에 보이는 자연이 준비해준 영양소를 섭취하게 된다. 그것을 섭취하면 그것은 우리의 것이 되고, 우리의 일부가 되며, 우리의 생명이 된다. 하나님의 말씀을 먹을 때도 그렇다. 하늘의 생명의 능력이 우리 안에 들어와서 우리 자신이 된다. 그리고 우리가 그것을 섭취하면 우리의 일부가 되고, 우리 생명의 생명이 된다.

그리고 우리는 씨앗을 심는 데 사용된다. 하나님의 말씀은 우리의 마음에 파종된다. 그 말씀의 씨앗은 재생하고 늘어나는 신적 능력을 지니고 있다. 그 안에 있는 생명과 신적 생각과 기질과 능력이 우리의 마음에 뿌리를 내리고 성장한다. 그래서 말씀이 표현하는 바로 그것이 우리 안에 생기게 된다. 하나님의 말씀은 신적 생명이 풍부한 씨앗이기 때문이다.

예수님이 인간이 되셨을 때 예수님은 하나님의 말씀에 전적으로 의지하셨다. 예수님은 전적으로 그 말씀에 복종하셨다. 묵상과 기도를 통해서 순종과 믿음을 실천함으로써 예수님은 공생애를 준비하는 동안 말씀을 이해하고 적용할 수 있게 되셨다. 아들에게는 아버지의 말씀이 영혼의 생명이었다. 예수님이 광야에서 말씀하신 것은 가장 내밀한 개인적 경험을 밝히신 것이다. "사람이 떡으로만 살 것이 아니요 하나님의 입으로부터 나오는 모든 말씀으로 살 것이라"(마 4:4). 예수님은 말씀을 통해 아버지의 생명을 공급받지 않으면 살 수 없음을 알고 계셨다. 예수님의 삶은 믿음의 삶이었고 하나님의 말씀을 의지하는 삶이었다. 말씀은 하나님을 대신하지 않았고, 오히려 살아계신 하나님과 살아 있는 교제를 나누는 도구였다. 그리고 예수님의 정신과 마음이 온통 그 말씀으로 가득했기에 귀를 기울여야 할 올바른 말씀이 매 순간 그분 안에서 활용될 준비가 되어 있었다.

강력한 믿음과 충만한 축복과 말씀으로 풍성한 열매를 맺는 온유한 하나님의 사람이 되고 싶은가? 예수님처럼 말씀으로 양식을 삼아라. 그 말씀이 우리 안에 풍성하게 거하게 하라. 마음을 그 말씀으로 가득 채우라. 그 말씀을 섭취하고 믿고 순종하라. 믿고 순종해야 그 말씀이 내부 깊숙이 들어와 우리의 것이 될 수 있다. 날마다 하나님의 입에서 나오는 말씀으로 여기고 말씀을 섭취하라. 그 말씀을 살아계신 하나님의 말씀으로 받아들여라. 언제나 자녀들과 살아 있는 교제를 나누면서 살아 있는 능력으로 말씀하시는 하나님의 말씀으로 받아들여라. 하나님의 뜻과 하나님의 일, 그리고 우리와 세상을 향한 하나님의 목적을 교회나 주위 그리스도인들에게 묻지 말고, 오직 하나님이 주시는 말씀에서 길을 찾아라. 그러면 우리는 우리에 관해서 성경에 기록된 모든 말씀을 성취할 수 있을 것이다.

예수님이 성경을 사용하신 가장 놀라운 사실은 자신이 그곳에 계셨다는 것이다. 예수님은 거기서 자기 자신의 형상과 모습을 확인하셨다. 그래서 예수님은 거기에 기록된 자기 모습이 그대로 성취되도록 자신을 바치셨다. 더할 나위 없는 고통을 겪을 수 있는 용기를 얻고 가장 힘겨운 일을 감당할 능력을 얻은 것도 그 덕분이었다. 예수님은 도처에서, 즉 고난에서 영광에 이르기까지 하나님이 직접 기록하신 신적 표지를 발견하셨다. 전적으로 예수님은 하나님이 말씀하신 모습이 되는 것, 하나님의 말씀에 기록된 자기 모습과 정확하게 일치하는 삶을 사는 것에만 집중하셨다.

우리 역시 자신의 형상을 성경에서 발견할 수 있다. 하나님이 기대하시는 그 모습을 말이다. 하나님이 기대하시는 자신의 모습을 하나님의 말씀에서 찾아 깊이 새겨야 한다. 일단 그것을 제대로 파악하게 되면 어떤 어려움이든지 극복할 수 있는 용기를 갖게 된다. 하나님의 말씀인 성경에서 자신에 관해 기록된 내용을 확인했기 때문이다. 하나님의 말씀에서 부름받은 모습을 확인했기 때문이다. 하나님이 예수님을 닮도록 정해놓으셨다는 것을 알게 되면 세상을 이길 수 있는 믿음을 갖게 된다.

예수님은 자신의 모습을 구약의 제도뿐 아니라 구약의 인물들에게서도 발견하셨다. 모세와 아론과 여호수아와 다윗, 그리고 선지자들이 예수님의 모형이었다. 그리고 예수님은 다시 신약성경에서 성도들의 형상이 되셨다. 우리가 성경에서 자신의 모습을 발견할 때는 예수님과 예수님이 보여주신 모범에 각별히 주목해야 한다. "주의 영광을 보매 그와 같은 형상으로 변화하여 영광에서 영광에"(고후 3:18) 이르기 위해서는 성경에 나타나 있는 그 형상을 우리 자신의 것으로 바라보아야 한다. 성령님은 우리 안에서 그 일을 이루기 위해 예수님을 우리의 모범으로 삼고, 모든 특징을 우리에게 주어진 약속으로 바라보도록 가르치신다.

진정으로 이것을 실천한 그리스도인은 복이 있다. 성경에서 예수님을 발견했을 뿐 아니라 예수님의 형상에서 자신이 되어야 할 모습에 대한 약속과 모범을 확인했기 때문이다. 성경에 관한 사람들의 생각과 성도들의 의견이 아니라 자녀들에 관한 하나님의 생각이 계시된 것에 집중하라는 성령님의 교훈을 따르는 그리스도인은 복이 있다.

예수님은 "성경에 따라서" 살고 죽으셨다. 예수님이 부활하신 것도 성경에 근거한 일이다. 예수님은 성경에 언급된 모든 일을 행하고 겪으셔야 했다. 하나님이 예수님을 위해 행하실 것이라고 성경에 약속된 모든 일을 하나님은 실행하셨다. 그러므로 우리는 성경에서 하나님의 말씀과 바람을 배우는 일에 최선을 다해야 한다. 예수님이 생명의 양식으로 간주하신 성경을 일용할 양식으로 삼아야 한다. 날마다 기쁘게 하나님의 말씀을 가까이하면서 우리 안에 거하시는 성령님이 말씀을 통해서 거룩한 목적을 이룰 것이라는 확신을 가지고 기대해야 한다.

하나님의 말씀은 예외 없이 거룩한 생명과 능력으로 가득하다. 예수님이 사용하셨듯이 성경을 사용하려고 할 때 예수님을 위해 행한 일이 우리에게도 반복될 것이다. 하나님은 말씀에 우리의 삶을 위한 계획을 제시해두셨다. 우리는 날마다 그 가운데 일부를 거기서 확인할 수 있다. 하나님의 뜻을 이루는 삶을 살고 있다는 확신만큼 사람을 강하게 하고 용기를 안겨주는 것은 없다. 우리가 예수님처럼 자신을 내려놓고 성경을 더 없이 귀한 인생의 목표로 삼는다면 성경 안에 우리의 모습을 이미 그려 넣으신 하나님은 성경이 우리 안에서 성취되도록 역사하실 것이다.

* * * * *

말씀이신 주 하나님!

하나님의 귀한 말씀, 곧 눈으로 볼 수 없는 영원한 모든 실체를 비추는 거룩한 거울을 주시니 감사합니다. 거울을 통해 하나님 아들의 모습을 볼 수 있으니 또한 감사합니다. 예수님은 하나님의 모습이고 놀랍게도 저의 모습입니다. 예수님을 바라볼 때 저의 가능한 모습도 함께 볼 수 있으니 감사합니다.

축복이신 나의 아버지!

아버지의 말씀이 가져다주는 축복이 얼마나 대단한지 올바로 깨닫게 하소서. 하나님의 아들이 이 세상에 계셨을 때 그 말씀은 하나님의 뜻을 드러내고, 하나님의 생명과 능력을 전달하며, 하나님과 교제를 나누는 것이었습니다. 예수님은 말씀을 받아들이고 복종하셔서 아버지의 뜻을 이루셨습니다. 저도 하나님의 말씀을 그렇게 온전히 대하게 하소서. 날마다 성령의 기름부음을 통해 그 말씀을 하나님의 입에서 나오는 말씀이며 하나님의 살아 있는 임재의 음성으로 새롭게 대하게 하소서.

　사랑과 은혜의 하나님!

　성경 말씀으로부터 하나님이 자신의 생명을 나눠주려고 찾아오신다는 확신을 갖게 하소서. 말씀을 거룩한 씨앗으로 마음에 깊이 간직하게 가르치셔서 때가 되면 처음의 예상대로 거기에 담겨 있는 생명이 싹을 터서 거룩한 실체를 드러내게 하소서. 무엇보다 중심과 본질이면서 직접 영원한 말씀이신 예수님을 말씀 안에서 만나도록 가르치소서. 나의 머리이고 모범이신 예수님과 그분 안에 있는 나를 발견할 때 예수님처럼 당신의 말씀을 양식과 생명으로 간주하는 법을 배울 것입니다. 나의 하나님, 우리의 복된 그리스도 예수의 이름으로 간구합니다. 아멘.

용서의 법칙을

마음에 새겨라

누가 누구에게 불만이 있거든 서로 용납하여 피차 용서하되 주께서 너희를 용서하신 것같이 너희도 그리하고. 골로새서 3:13. 은혜의 삶을 사는 우리가 하나님께 받은 일차적인 축복 가운데 하나가 바로 용서이다. 그것은 가장 영광스러운 축복이기도 하다. 옛 삶에서 새 삶으로 바뀌는 전환이고 하나님의 사랑의 징표이며 보증이다. 우리는 용서를 통해서 예수님 안에 마련된 모든 영적 선물을 받을 수 있는 자격을 얻게 된다. 구속받은 성도는 이 세상에서나 영원한 곳에서나 자신이 용서받은 죄인이라는 사실을 절대 잊어서는 안 된다. 살아계신 성령님을 통해서 줄곧 새로워지는 하나님의 용서하시는 사랑을 경험하는 일보다 더 강력하게 사랑을 불러일으키고 기쁨을 일깨우며 용기를 북돋아주는 일은 없기 때문이다. 그러기에 우리는 날마다 하나님을 생각할 때마다 나의 모든 것을 용서하시는 것은 하나님의 은혜 덕분이라는 사실을 기억해야 한다.

이 용서의 사랑은 신적 본성의 표현 가운데 가장 놀라운 것이다. 하나님은 그것으로부터 영광과 축복을 발견하신다. 그리고 하나님은 이 영광과 축복을 구속받은 이들과 함께 나누고 싶어하신다. 하나님이 부르실 때 우리는 용서를 받자마자 그대로 다른 이들에게 베풀어야 한다.

예수님이 용서를 얼마나 자주, 그리고 얼마나 분명하게 말씀하셨는지 관심을 가져본 적이 있는가? 마태복음 6장 12절과 15절, 18장 2절부터 25절, 마가복음 11장 25절을 조심스럽게 읽어보라. 우리에 대한 하나님의 용서와 다른 사람들에 대한 우리의 용서가 얼마나 서로 긴밀하게 결합되어 있는지 알 수 있다. 예수님이 죄의 용서와 회개를 허락하시려고 하늘로 올라가자, 성경은 예수님이 하나님에 대해서 말씀하신 내용을 그대로 반복하고 있다. 예수님처럼 용서하라는 것이다. 서두의 성경 말씀에서 인용했듯이 예수님이 우리를 용서하신 것처럼 우리도 용서해야 한다. 우리는 하나님처럼, 예수님처럼 용서하지 않으면 안 된다.

이것의 근거를 확인하기는 그리 어렵지 않다. 용서의 사랑이 찾아올 때 거기에는 처벌을 피하게 하려는 의도만 있는 것이 아니다. 훨씬 더 많은 내용이 포함되어 있다. 그 사랑은 스스로를 위해서 우리를 이끌고, 우리를 소유하며, 우리 안에 거하려고 한다. 그래서 사랑이 우리를 찾아와서 우리 안에 거하게 되어도 하늘의 성격과 아름다움을 잃어버리지 않는다. 그 사랑은 여전히 용서의 사랑이라서 우리에게, 우리 안에서, 그리고 우리를 통해서 그것을 실행시켜 우리에게 죄를 범한 이들을 용서하게 하려고 한다. 이것이 너무나 확실해서 용서하지 않는 것은 용서받지 못했다는 분명한 표시라는 말을 듣게 되는 것이다.

이기심의 용서와 심판의 면제만 추구하면서 마음과 삶을 다스리기 위해 용서의 사랑을 진심으로 받아들이지 않는 사람은 하나님의 용서를 단 한 번도 실제로 받아본 적이 없음을 증명하는 것이다. 반면에 진정으로 하나님의 용서를 받은 사람은 다른 사람을 용서하는 데서 즐거움을 누린다. 이것은 자신이 하나님의 용서를 받았다는 믿음이 현실이라는 사실을 지속적으로 확증하는 일이다. 예수님께 용서를 받는 것과 예수님처럼 다른 사람에게 용서를 베푸는 일은 둘이면서도 실제로는 하나이다. 성경과 교회는 그렇게 교훈한다.

그런데 그리스도인의 삶과 경험은 어느 수준인가? 성경에 기록된 것을 거의 모르거나, 또는 그것을 알고 있어도 죄인에게 기대할 수 있는 것 이상은 생각할 수 없는 사람들이 대부분이다. 성경의 내용에 전체적으로 동의한다고 생각하면서도 구체적인 경우에 처하면 그럴 수밖에 없는 구실을 찾는 사람들이 얼마나 많은지 알 수 없다. 세상 사람들은 악행을 반복한다. 악인은 해를 입힌 사람을 절대 용서하려 하지 않는다. 널리 알려진 상당수의 그리스도인들이 용서하지 않고 변명만 늘어놓는다.

하지만 우리에게 주어진 명령은 아주 단순하고, 처벌 역시 엄격하다. 그래서 성경은 말씀한다. "서로 친절하게 하며 불쌍히 여기며 서로 용서하기를 하나님이 그리스도 안에서 너희를 용서하심과 같이 하라"(엡 4:32). "너희가 각각 마음으로부터 형제를 용서하지 아니하면 나의 하늘 아버지께서도 너희에게 이와 같이 하시리라"(마 18:35). 인간의 논리는 하나님의 말씀을 무력화시킨다. 하나님이 용서의 사랑으로 악을 정복하시고, 그래서 일곱 번씩 일흔 번이라도 용서하시는 사랑이 사실이 아닌 듯 행동한다. 악인이 해를 입힌 것이 아니라 예수님이 행하신 일이 행동규범이 될 만큼 분명하지 않은 것처럼 행동한다. 예수님이 아니라 경건한 그리스도인을 모범으로 따르는 일이 진정으로 죄를 용서받은 표시인 것처럼 행동한다.

용서하는 사랑의 법을 심각하게 위반하지 않은 교회와 성도들의 모임은 어디에 있을까? 교회의 모임이나 자선행사는 물론이고 일상적인 친교모임, 심지어 가정생활에서까지 예수님처럼 용서하라는 부름을 삶의 규범으로 삼지 않는 경우가 얼마나 많은지 알 수 없다. 의견이 다르고, 옳다고 생각하는 행동과 어긋나고, 사실이든 오해든 간에 무시를 받아서, 또는 불친절하고 생각이 깊지 않은 말 때문에 분함과 모멸감과 소외감을 느낄 때 우리는 예수님처럼 사랑하고 용서하며 간단하게 넘기지 못한다. 화를 내거나 마음에 분을 품고, 때로는 죄를 짓게 된다. 이것은 동정과 사랑과 용서의 법칙의 중요성이 마음과 정신을 사로잡지 못했기 때문이다. 그러므로 우리는 머리와 지체의 관계에 근거한 그 법칙이 지체들 간의 전체 관계를 지배하게 해야 한다.

예수님의 사랑을 받은 우리는 세상에 그분의 모습을 드러내도록 부름을 받았다. 예수님이 제일 먼저 하신 일은 우리의 죄를 용서하신 일이다. 우리는 그런 예수님을 통해 다른 사람을 용서하는 일이 가장 중요하다는 사실을 배워야 한다. 그리고 마음이 새로워지면 용서받는 일보다 훨씬 커다란 기쁨이 있음을 기억해야 한다. 다른 사람을 용서하는 기쁨이 바로 그것이다. 용서하는 기쁨은 그리스도의 기쁨이고 하늘의 기쁨이다. 우리가 참여하도록 부름받은 것은 예수님이 직접 행하신 일이고, 예수님이 직접 만족을 얻으시는 기쁨이라는 사실을 알아야 한다.

그렇게 할 때 우리는 세상을 축복할 수 있다. 예수님은 용서를 통해서 원수를 정복하셨고, 용서를 통해서 친구들을 자신에게 묶으셨다. 예수님이 자신의 나라를 세우고 계속해서 확장해

나가시는 것도 바로 용서 덕분이다. 교회가 세상에게 하나님의 사랑을 확신시키는 것도 동일한 용서의 사랑 덕분이다. 그 사랑을 말로 전할뿐 아니라 제자들의 삶으로 보여줌으로써 그렇게 하는 것이다. 예수님처럼 사랑하고 용서하는 그리스도인들을 보면 세상은 하나님이 진정으로 그들과 함께하신다는 것을 고백하지 않을 수 없을 것이다.

그러나 여전히 그 일이 너무 어렵고 높은 일처럼 생각되면 우리가 아직도 타고난 성품을 따르기 때문이라는 사실을 기억해야 한다. 죄에 물든 본성은 이런 기쁨을 맛보거나 그것에 도달할 수 없다. 하지만 예수님과 하나가 될 때 가능하다. 예수님 안에 거하는 사람은 그분처럼 행할 수 있다. 무엇을 하든지 예수님을 따르려고 자신을 포기하면 예수님은 성령을 통해 그렇게 할 수 있도록 만들어주신다. 그러므로 우리는 시험에 들기 전에 예수님을 바라보면서 하늘의 아름다움이 담긴 그분의 용서의 사랑을 모범으로 삼아야 한다. "우리가… 주의 영광을 보매 그와 같은 형상으로 변화하여 영광에서 영광에 이르니 곧 주의 영으로 말미암음이니라"(고후 3:18).

하나님께 간구하거나 감사할 때마다 영광스러운 그분의 이름을 위해서 용서의 사랑을 주변 모두에게 드러내겠다고 서원하라. 다른 사람을 용서하는 문제에 직면하기 전에 우리의 마음을 예수님을 향한 사랑으로, 형제를 향한 사랑으로, 그리고 원수를 향한 사랑으로 채워라. 사랑으로 충만한 마음은 용서할 수 있는 축복을 누리게 된다. 일상의 사소한 일 때문에 용서하고 싶지 않은 시험이 찾아올 때마다 하나님의 용서하는 사랑을 얼마나 진정으로 기꺼이 받아들이고 있는지 보여줄 수 있는 기회로 삼아라. 그 사랑의 아름다운 빛이 우리를 통해서 다른 이들에게 전해진다는 사실이 얼마나 즐거운 일인지 경험하게 될 것이다. 그래서 우리가 사랑하는 주님의 모습을 드러낼 수 있다면 이 얼마나 놀라운 특권이란 말인가!

＊ ＊ ＊ ＊ ＊

용서의 하나님!

하나님의 복된 아들인 예수님처럼 용서를 삶의 규범으로 삼겠습니다. 계명을 주신 하나님은 능력까지 주셨습니다. 저를 용서하실 정도로 사랑하신 하나님은 제게 사랑을 채우고 다른 이들을 용서하도록 가르치십니다. 하나님은 죄를 용서받은 즐거움을 누리는 첫 번째 축복을 허락하시고, 하나님처럼 다른 이들을 용서하는 더 큰 즐거움이라는 두 번째 축복을 분명히 누리게 허락하실 것입니다. 그러니 제 안에 있는 예수님의 사랑의 능력을 믿는 믿음을 가득 채우셔서 주변의 모든 사람을 일곱 번씩 일흔 번이라도 용서하고 사랑하며 축복할 수 있게 하소서.

용서의 나의 주님!

주님이 보여주신 모범이 저의 규범입니다. 저는 주님을 닮아야 합니다. 주님이 보여주신 모범이 저의 복음입니다. 저는 주님처럼 될 수 있습니다. 모범이 되시는 주님이 제게 요구하시는 것은 주님의 생명 덕분에 제 안에서 이루어질 수 있습니다. 주님처럼 용서하겠습니다. 주님을 더욱 의지하게 하셔서 주님에게서 비롯된 은총을 누리고 간직하게 하소서. 그러면 저는 사랑의 강력한 능력을 믿고 증명할 것입니다. 예수님이 용서하신 것처럼 저도 용서하겠습니다. 아멘.

영광에서 영광에
이르기를 추구하라

우리가 다 수건을 벗은 얼굴로 거울을 보는 것같이 주의 영광을
보매 그와 같은 형상으로 변화하여 영광에서 영광에 이르니 곧
주의 영으로 말미암음이니라. 고린도후서 3:18.

모세는 하나님과 교제하면서 40일을 산에서 지냈다. 그가 내려
오자 얼굴에서 하나님의 영광이 빛났다. 그는 알지 못했지만 아
론과 사람들은 볼 수 있었다. 하나님의 영광이 너무 분명해서
아론과 사람들은 모세에게 접근하기를 두려워했다. "아론과 온
이스라엘 자손이 모세를 볼 때에 모세의 얼굴 피부에 광채가 남
을 보고 그에게 가까이하기를 두려워하더니"(출 34:30).

여기서 우리는 신약성경에 등장하는 한 가지 모습을 접하게 된

다. 모세가 홀로 누리던 특권은 모든 성도의 특권이 되었다는 사실이다. 우리가 성경이라는 거울에 비치는 예수님의 영광을 바라볼 때 그분의 영광은 우리를 비추고, 또다시 우리를 통해서 나가게 된다. 예수님의 영광을 바라볼 때 우리는 성령님 덕분에 그분과 동일한 모습으로 변화된다. 예수님을 바라보면 예수님처럼 된다.

눈이 사람의 정신과 성품에 상당한 영향력을 끼치는 것이 자연의 법칙이다. 어린이의 교육은 대부분 눈으로 이루어진다. 줄곧 눈으로 바라보는 주변 사람들의 태도와 습관으로부터 상당 부분 영향을 받는다. 우리의 성품을 제대로 형성하도록 하늘 아버지는 예수님의 얼굴을 통해서 거룩한 영광을 보여주신다. 그렇게 할 때 같은 모습을 갖게 된다는 사실을 하나님은 알고 계시기 때문이다. 예수님을 닮고 싶은 사람은 누구든지 이 방법에 주목해야 한다. 그리고 예수님 안에서 볼 수 있는 하나님의 영광을 계속해서 바라보아야 한다.

그렇다면 그 영광의 특징은 무엇인가? 그것은 신적 완전이 인간의 형상으로 나타나는 것이다. 그렇다면 예수님 안에 있는 신적 영광의 모습 가운데 대표적인 특징은 무엇인가? 그것은 예수님의 낮아짐과 사랑이다.

예수님의 낮아짐은 영광이다. 영원한 아들이 자기를 비워서 사람이 되었다는 것과 사람으로 자기 자신을 낮춰 종의 모습을 취하고 십자가에 죽기까지 복종하신 겸손을 알게 되면 하나님의 더할 나위 없는 영광을 목격한 것이다. 하나님이 창조주로서 행사하는 전능하신 능력과 왕으로서 갖는 거룩한 영광은 이것만큼 대단하지 못하다. 이 낮아짐의 영광은 스스로 종이 되어 하나님과 사람을 섬기는 은혜의 영광이다.

우리는 이 낮아짐을 진정한 영광으로 바라보는 방법을 익혀야 한다. 예수님처럼 낮아지는 것을 세상에서 영광스러운 이름에 부응하는 유일한 일로 간주해야 한다. 우리의 눈에 이것은 그 무엇보다 아름답고, 그 무엇보다 놀라우며, 상상할 수 있는 것 — 바라보거나 생각하는 즐거움 — 가운데 그 무엇보다 바람직해야 한다. 그렇게 그것을 바라보고 감탄하면 이 세상에서 예수님처럼 되고, 그렇게 행동하는 것보다 더 영광스러운 일을 생각할 수 없게 된다. 우리 주님처럼 낮아지고 싶어질 것이다. 예수님을 바라보고, 예수님을 찬양하면서 따라가면 우리 안에 예수님과 같은 마음이 생겨나서 그분과 같은 모습으로 바뀌게 된다.

예수님의 영광스러운 사랑은 이것과 분리할 수 없다. 낮아짐은 사랑으로 다시 돌아가게 한다. 낮아짐은 사랑에서 생겨나고 힘을 얻는다. 낮아짐이 아름다운 것은 사랑 때문이다. 사랑은 하나님의 더할 나위 없이 커다란 영광이다. 하지만 이 사랑은 그리스도 예수 안에서 모습을 드러낼 때까지 감추어진 신비였다. 신적인 사랑의 영광이 처음 드러난 것은 인간이 되신 예수님이 사람들, 즉 어리석고 죄 많고 적대적인 사람들과 온유하고 자비롭고 다정한 사귐을 통해서 가능하게 된 일이다. 잠시라도 이 영광을 바라보고 예수님처럼 사랑하는 것이 영광스러운 이름에 어울리는 유일한 일임을 깨달은 영혼은 이 점에서 예수님처럼 되기를 갈망할 것이다. 또한 예수님 안에 있는 이 영광스러운 하나님의 사랑을 바라보면서 동일한 모습으로 바뀌게 될 것이다.

예수님을 닮고 싶은가? 여기에 길이 있다. 예수님 안에 있는 하나님의 영광을 바라보면 된다. 예수님 안에 있는 영광 말이다. 예수님의 영광이 드러난 말과 생각과 은혜뿐 아니라 살아계신 사랑스러운 예수님 자신을 바라보면 된다. 예수님을 바라보고 그분의 눈을 바라보라. 예수님의 얼굴을 바라보면 사랑스러운 친구, 살아계신 하나님을 보게 될 것이다. 경배하며 예수님을 바라보라. 하나님이신 예수님 앞에 엎드려라. 예수님의 영광은 강력하고 살아 있는 능력이 있어 그것을 나누어주고 전달해주며 채워주실 것이다.

믿음으로 예수님을 바라보라. 예수님이 우리의 것이고, 예수님이 자신을 우리에게 주셨고, 예수님 안에 있는 모든 것이 우리의 몫이라는 복된 믿음을 실천하라. 예수님의 형상을 우리 안에서 이루어가는 것이 주님의 목적이시다. 예수님에게서 볼 수 있는 영광이 임할 것이라는 기쁘고 확실한 기대를 갖고서 바라보라. 예수님은 그렇게 하실 것이다. 바라보고 놀라고 믿는 순간에 예수님처럼 될 것이다.

강한 바람을 갖고서 예수님을 바라보라. 우리 주님께 온전히 순종하지 못하는 육신의 게으름에 굴복해서는 안 된다. 지금까지 이룬 것에 만족하는 모든 육체적인 것을 멀리하고 하나님의 영광에 대한 깊고 억제할 수 없는 갈망을 채워달라고 기도하라. "주의 영광을 내게 보이소서"(출 33:18)라는 모세의 기도를 본받아서 더할 나위 없이 간절하게 기도하라. 진전이 없어도 절대 낙심하지 마라.

다음의 말씀이 우리를 붙들고 있다는 복된 사실을 생각하면서 더욱 간절히 앞으로 나아가라. "우리가… 그와 같은 형상으로 변화하여 영광에서 영광에 이르니 곧 주의 영으로 말미암음이니라." 이 영은 우리 주 예수님 안에 있었고, 신적 영광이 머물면서 주님을 비추던 그 영을 거론하는 것이다. 이 영은 "영광의 영"(벧전 4:14)이라고 부른다. 그런데 이 영은 예수님처럼 우리 안에도 계신다. 이 영의 역할은 말없이 찬양하며 묵상할 때 우리가 볼 수 있는 주님의 모습을 가져와서 우리 안에서 움직이게 하는 것이다. 우리는 이 영을 통해서 이미 예수님의 생명을 모든 은총의 선물과 함께 소유하고 있다.

하지만 그 생명은 자극을 받으면서 성장해야 한다. 자라나야 하고, 우리 존재의 일부가 되어야 하며, 우리 성품을 모두 지배해야 하고, 침투해서 두루 퍼져나가야 한다. 우리를 내려놓고 순종하기만 하면 이런 일이 가능하도록 성령님을 의지할 수 있다. 말씀을 통해서 예수님을 바라보면 눈이 열려서 주님이 행하시는 모든 영광된 일을 바라볼 수 있게 된다. 예수님처럼 되고 싶은 마음을 갖게 된다. 우리의 믿음을 강하게 하시고, 예수님에게서 볼 수 있는 것이 우리 안에서 가능하게 하신다. 예수님 자신이 우리의 소유가 되시기 때문이다.

성령님은 예수님 안에 거하는 생명을 우리 안에서 부단히 움직이게 하여 그분과 진심으로 연합하고 소통하게 하신다. 이것은 다음의 약속에 근거하고 있다. "그(성령)가 내 영광을 나타내리니 내 것을 가지고 너희에게 알리시겠음이라"(요 16:14). 우리는 주님의 영이 인도하시는 대로 영광에서 영광에 이르기까지 바라보고 또 바라보면 그 형상으로 변화될 수 있다. 우리는 성령이 충만하게 주어졌다는 사실만 이해하면 된다. 성령 충만을 믿고 복종하는 사람은 예수님의 형상과 모습을 영혼과 삶에 각인시키는 일을 완수하는 것이 예수님께 얼마나 큰 영광인지 경험하게 된다.

우리는 예수 그리스도와 그분의 영광을 바라볼 때 예수님처럼 될 수 있다고 확신할 수 있다. 조용히 안식을 누리면서 영혼을 성령님의 인도하심에 맡겨라. "너희가 그리스도의 이름으로 치욕을 당하면 복 있는 자로다. 영광의 영 곧 하나님의 영이 너희 위에 계심이라"(벧전 4:14). 예수님 안에서 하나님의 영광을 바라보며 찬양하라. 신적 능력으로 영광에서 영광에 이르기까지 변화될 것이다. 성령님의 능력으로 놀라운 변화가 일어나고 우리의 바람이 성취되고 예수님처럼 하나님이 허락하신 삶을 경험하게 될 것이다.

＊ ＊ ＊ ＊ ＊

영광 받기에 합당하신 나의 주님!

제가 주님과 관계를 맺는 동안에, 제가 주님의 영광을 바라보는 동안에 성령님이 저와 관계를 맺고, 주님의 영광스러운 형상으로 변화시키며, 주님의 영광스러운 형상을 각인시켜주신다는 이 영광스러운 확신을 갖게 하시니 감사합니다. 주님의 영광을 제대로 바라보게 하소서. 모세가 주님과 40일을 지내자 그의 얼굴이 영광스럽게 빛났습니다. 주님과의 교제가 너무 짧고 덧없어서 주님의 형상을 제대로 인식하기에 시간이 너무 부족했음을 고백합니다. 주여, 제게 이것을 가르쳐주소서. 이것을 묵상하여 저를 포기하고 주님의 영광을 생각하며 찬양하게 하셔서 나의 영혼이 이렇게 외치게 하소서. "이것은 영광이다. 이것은 하나님의 영광이다!" 나의 하나님, 주님의 영광을 내게 보여주소서.

복된 나의 주님!

저의 믿음을 강하게 하셔서 어떤 특별한 경험을 하지 못하더라도 성령님이 역사하시게 하소서. 모세는 자기 얼굴이 빛나는 것을 알지 못했습니다. 주님, 제 자신을 바라보지 않게 하소서. 오직 주님과 함께 지내면서 주님 안에서 스스로를 잊고 잃어버리게 하소서. 주님, 주님 안에 사는 사람은 스스로에 대해서 죽었습니다.

충만하신 나의 주님!

주님의 형상과 모범을 바라볼 때마다 성령님이 제 안에 충만하시고, 저를 완전히 소유하시며, 제 안에 주님의 모습을 만드셔서 세상이 제게서 주님의 영광을 일부 확인할 수 있게 하소서. 이런 믿음을 통해서 "영광에서 영광에"라는 주님의 귀한 말씀을 감히 저의 표어로 삼아 그 은혜가 날마다 더 풍성해지고 축복이 늘 넘쳐나서 지금까지 허락하신 것이 장차 올 더 나은 것의 징표라는 사실을 믿게 해주소서. 귀하신 구세주여, 주님을 바라보니 "영광에서 영광에"는 진정으로 이루어질 것입니다. 아멘.

P·A·R·T·6

죽을 만큼 겸손하여
죄를 죽이고

관계와 태도에서
온전히 겸손하라

아무 일에든지 다툼이나 허영으로 하지 말고 오직 겸손한 마음
으로 각각 자기보다 남을 낮게 여기고. …너희 안에 이 마음을
품으라. 곧 그리스도 예수의 마음이니 그는 근본 하나님의 본체
시나 하나님과 동등됨을 취할 것으로 여기지 아니하시고 오히
려 자기를 비워 종의 형체를 가지사 사람들과 같이 되셨고 사람
의 모양으로 나타나사 자기를 낮추시고 죽기까지 복종하셨으니
곧 십자가에 죽으심이라. 빌립보서 2:3-8.

이 놀라운 성경 말씀에는 복된 하나님 아들의 성품에 관한 가장
고귀한 진리가 모두 담겨 있다. 먼저 위엄 있는 예수님의 신성
이 담겨 있다. "근본 하나님의 본체시나"와 "하나님과 동등됨

을"이 거기에 해당된다. 계속해서 예수님의 성육신의 심오하고 끝 모를 의미가 담겨 있는 표현인 "자기를 비워"로 이어진다. 그것은 낮아짐과 순종, 고난과 죽음과 함께 속죄가 뒤따르는데, 그럴 만한 가치가 있는 일이다. "자기를 낮추시고 죽기까지 복종하셨으니 곧 십자가에 죽으심이라"(빌 2:8). 그리고 그 모든 것의 정점은 예수님의 영광스러운 신분이 차지하고 있다. "이러므로 하나님이 그를 지극히 높여 모든 이름 위에 뛰어난 이름을 주사"(빌 2:9). 하나님이신 예수님, 인간이 되신 예수님, 인간으로 낮아져서 우리를 구속하신 예수님, 만유의 주가 되시는 영광스러운 예수님은 성경 말씀에 담겨 있는 지혜의 보화이다.

위의 성경 말씀에 포함된 표현들 가운데 일부를 다룬 책은 많다. 하지만 성령님이 제공하신 이 놀라운 교훈과 연계하는 데 늘 충분한 관심을 기울이지 못했다. 본문 말씀의 일차적인 중요성은 오류를 반박하기 위한 진리를 진술하거나 믿음을 강하게 하려고 기록된 것과는 무관하다. 아주 다른 목적을 갖고 있다. 빌립보 교인들 사이에는 여전히 교만이 존재했고, 사랑을 찾아볼 수 없었다. 이런 상황을 구체적으로 지켜보면서 그들에게 예수님이 보여주신 모범을 제시하고 예수님처럼 스스로를 낮추도록 교훈하려고 이 말씀이 주어진 것이다. "오직 겸손한 마음으로 각각 자기보다 남을 낫게 여기고. …너희 안에 이 마음을 품으라. 곧 그리스도 예수의 마음이니."

예수님처럼 낮게 되고 싶어 하면서도 이 대목의 하나님 말씀을 공부하지 않는 사람은 하나님이 허락하신 한 가지 위대한 목적을 위해서 전혀 활용하지 않는 것이다. 예수님이 하나님의 보좌에서 내려와 십자가의 낮아짐을 통해 다시 돌아가시려고 한 것은 우리가 그 보좌로 나아갈 수 있는 유일한 길을 계시하려고 하신 것이다. 예수님의 속죄와 함께 그분이 보여주신 모범을 받아들이는 믿음만이 진정한 믿음이다. 예수님께 진심으로 속하고 싶은 영혼마다 그분의 영과 그분의 성향과 그분의 형상을 지니고 연합하지 않으면 안 된다.

"너희 안에 이 마음을 품으라. 곧 그리스도 예수의 마음이니 그는 근본 하나님의 본체시나 하나님과 동등됨을 취할 것으로 여기지 아니하시고…. 자기를 낮추시고 죽기까지 복종하셨으니." 우리는 자기를 비우고 스스로를 낮춘 예수님을 닮아야 한다. 하나님이신 예수님은 신적 영광과 권능을 직접 비우고 포기하신 위대한 자기부정을 제일 먼저 실천하시고 나서 그와 동일하게 십자가에서 죽음을 맞기까지 자신을 낮추셨다. 우주가 놀라고 아버지가 기뻐하신 이 놀라운 이중적인 낮아짐을 통해서 성경은 우리가 마땅히 예수님을 닮아야 한다고 말한다.

그런데 하나님은 진정으로 이것을 우리에게 기대하실까? 당연하다. 그것이 아니라면 달리 무엇을 기대하실까? 우리의 본성에 자리 잡은 교만과 옛 아담의 무서운 능력은 이미 알려져 있다. 하지만 예수님이 죄의 저주와 능력에서 우리를 구속하시고, 자신이 이 세상에서 그러셨던 것처럼 살아갈 수 있는 부활의 생명과 능력을 허락하신다는 것 역시 알려진 사실이다. 예수님은 우리의 보증이고 모범이시다. 우리는 그분을 통해서 살아갈 뿐 아니라 그분처럼 살아야 한다. 게다가 예수님은 우리의 모범과 머리가 되셔서 우리 안에 살면서 과거에 세상에 소개한 삶을 지속하신다. 그런 예수님과 그런 구속 계획이 있는데 우리는 다른 삶을 살아야 할까? 예수님의 제자는 당연히 예수님의 마음을 품어야 한다. 특히 예수님처럼 낮아져야 한다.

예수님이 보여주신 모범은 죄 때문에 낮아지는 것이 아니다. 그러나 적지 않은 그리스도인들이 그렇게 생각한다. 날마다 타락하면 당연히 계속해서 낮아지게 된다고 말이다. 이것은 사실과 다르다. 처음부터 아주 사랑스럽고 무척 값진 낮아짐이 실제로 존재한다. 우리는 그런 낮아짐 때문에 범죄의 사실과 단점을 더 크게 깨닫게 된다.

하지만 훨씬 더 소중한 낮아짐이 있다. 은총 덕분에 죄를 짓지 않더라도 하나님이 축복하신다는 사실에 놀라고 감격하면서 자신의 초라한 모습을 바라보는 것이다. 우리에게 모든 것을 베풀어주시는 예수님 앞에서 스스로 아무것도 아니라는 사실에 감격하고 기뻐하는 것이다. 자신을 낮추기 위해서는 죄가 아니라 은혜가 필요하다. 열매가 최대한 많이 달릴수록 가지는 낮게 휘어진다. 강물이 최대한 불어날수록 강바닥이 깊어진다. 영혼이 하나님께 다가갈수록 하나님의 위대한 임재 때문에 스스로가 작고 보잘것없게 느껴진다. 이런 사실만이 우리로 하여금 다른 이들을 낮게 여기게 해준다.

하나님의 거룩한 아들이신 예수 그리스도는 겸손의 모범이시다. 예수님이 제자들의 발을 씻어주신 일은 아버지께서 만물을 자기 손에 붙이셨다는 것과 자신이 하나님으로부터 와서 하나님께로 간다는 사실을 알고 계셨기 때문이다. 하나님의 임재와 신적 생명과 사랑이 우리 안에 있음을 의식할 때 우리는 스스로를 낮추고 겸손해진다.

많은 그리스도인들이 불가능하게 생각하는 부분이 있다. 스스로를 생각하지 않고 다른 이들을 낮게 여기고 높이는 일이다. 최악의 교만과 허세를 부리지 않도록 간구하면서도 예수님처럼 전적으로 자신을 부인하는 일은 너무 어렵고 수준 높은 일로 간주한다. 하지만 다음의 복된 말씀들이 전하는 심오한 진리와 의미를 깊이 묵상해보라. "무릇 자기를 높이는 자는 낮아지고 자기를 낮추는 자는 높아지리라"(눅 14:11). "누구든지 나를 위하여 제 목숨을 잃으면 찾으리라"(마 16:25).

그러면 예수님처럼 철저히 낮아지지 않으면 달리 만족할 방법이 없다는 사실을 인정하게 될 것이다. 아울러 자신과 자기를 높이는 일을 극복할 수 있는 방법이 따로 존재한다는 사실을 알게 될 것이다. 예수님의 십자가에 자신을 못 박고 성령님을 통해서 줄곧 그 상태를 유지하는 일이 바로 그 방법이다(갈 5:24, 롬 8:13). 십자가에 달려 돌아가신 예수님과 교제하는 삶에 진심으로 자신을 바친 사람만이 그런 겸손에 도달할 수 있다.

이것을 이루려면 필연적으로 두 가지가 필요하다. 첫째는 스스로를 위해서 조금도 구하지 않고, 그 무엇에도 굴복하지 않으며, 오직 하나님과 이웃을 위해서 살겠다고 확고하게 목적을 정하는 일이다. 그리고 둘째는 예수님의 죽음의 능력을 우리가 죄에 대하여 죽었고, 그 권세로부터 구원받은 것으로 전환하는 믿음이다. 예수님의 죽음을 통한 교제는 죄가 너무 강해서 어찌 감당할 수 없다고 생각하는 삶과 결별하게 한다. 그런 교제는 예수님이 너무 강하셔서 죄를 지을 수 없는 그런 삶을 시작하도록 해준다.

이 진리를 깨닫고 받아들이며 붙잡는 일은 오직 성령님의 교훈과 강력한 역사를 통해서만 가능하다. 그런데 우리가 성령님을 모시고 있으니 하나님께 감사해야 한다. 우리는 성령님의 인도하심을 전적으로 신뢰할 수 있다. 성령님은 우리를 인도하신다. 그것이 바로 성령님의 일이다. 성령님은 우리를 통해서 예수님을 영화롭게 하신다. 우리가 죄와 옛사람에 대하여 죽었고, 예수님의 삶과 겸손이 우리의 것이라는 사실을 일깨워주신다. 그래서 예수님이 행하신 겸손을 우리가 본받아 믿음으로 바꿔게 하신다.

이것은 곧바로 일어나는 일이다. 하지만 경험상으로는 점진적으로 일어난다. 너무 오랫동안 우리의 생각과 감정과 태도와 대화까지 옛사람의 권세 아래 있었기 때문에 예수님의 겸손이라는 거룩한 빛이 충만해서 변화가 일어나기까지는 오랜 시간이 걸린다. 처음에는 양심이 완전히 깨어나지 못한다. 영적 감각과 분별력이 제대로 작동하지 않기 때문이다. 하지만 각자 영혼의 바닥부터 믿고 자신을 새롭게 헌신하면서 "예수님처럼 낮아지려고 나 자신을 포기했다"고 고백하면 성령으로부터 능력을 얻게 된다. 그 능력이 존재 전체를 가득 채우면 얼굴과 음성과 행동을 통해 성령의 거룩함이 드러나서 진정으로 겸손의 옷을 입게 된다.

예수님을 닮은 겸손은 말로 다할 수 없는 축복이다. 하나님은 그것을 아주 높게 평가하신다. "그러나 더욱 큰 은혜를 주시나니 그러므로 일렀으되 하나님이 교만한 자를 물리치시고 겸손한 자에게 은혜를 주신다 하였느니라"(약 4:6). 영적인 삶에서는 그것이 안식과 기쁨의 근원이다. 겸손한 사람에게는 하나님이 행하시는 모든 일이 옳고 선하다. 겸손은 하나님의 아무리 사소한 자비에 대해서도 늘 하나님을 찬양하는 자세를 유지하게 한다. 겸손은 신뢰하기 어려운 꼬투리를 잡을 수 없다. 하나님이 말씀하시면 무엇이든지 무조건 복종해야 한다.

예수님이 큰 믿음을 가졌다고 칭찬한 두 사람이 성경에 등장하는데, 그들은 스스로를 더할 수 없이 부족하게 생각했다. 백부장은 "주여 내 집에 들어오심을 나는 감당하지 못하겠사오니"(마 8:8)라고 말했으며, 수로보니게 여인은 개와 같은 취급을 당해도 만족하였다. 사람들과 교제할 때 이것이 축복과 사랑의 비결이 될 수 있다. 겸손한 사람은 상처 입지 않을 뿐 아니라 아주 조심스러워서 상처를 주지 않는다. 늘 이웃을 섬길 준비를 하고 있다. 종이 되는 신적 아름다움을 예수님으로부터 배웠기 때문이다. 그런 사람은 하나님과 사람들로부터 사랑을 받는다.

예수님을 따르라는 부름은 정말 영광스러운 일이다. 하나님이 예수님을 세상에 보내신 것은 자신을 낮추는 일보다 더 소중한 일이 없음을 증명하시기 위함이었다. 겸손한 사람은 하나님께 영광을 돌리고 다른 이들을 이끌어서 하나님께 영광을 돌리게 한다. 그러고는 마침내 하나님과 더불어서 영광을 누리게 된다. 이렇게 하나님과 더불어 영광을 누리게 되는데, 누가 예수님처럼 겸손해지고 싶지 않겠는가!

* * * * *

겸손하신 예수님!

주님은 하늘에서 내려와서 십자가에서 죽기까지 자신을 낮추셨습니다. 주님은 당신의 겸손을 제 삶의 규범으로 삼으라고 요구하십니다. 주님, 이것이 절대적으로 필요하다는 것을 깨닫게 가르쳐주소서. 저는 겸손한 예수님의 교만한 제자가 될 수 없고, 그럴 수도 없습니다. 제 마음의 은밀한 곳과 골방과 집에서, 친구나 원수 앞에서, 그리고 번창하거나 어려울 때 주님의 겸손으로 충만하고 싶습니다.

나의 사랑하는 주님!

주님이 십자가에 달리시고 제가 그것에 참여하는 것에 대한 더 깊은 깨달음이 필요합니다. 저의 교만한 옛사람이 주님과 함께 십자가에 달린 것을 확실히 알게 하소서. 성령님의 빛 가운데서 하나님의 거듭난 자녀인 제가 죄와 그 권세에 대해서 죽었음을 보여주시고, 주님과의 교제 안에서 죄가 힘을 잃는다는 사실을 가르쳐주소서. 죄를 이기신 예수님, 주님이 저의 생명이라는 것과 주님과 성령으로 충만해지도록 저를 포기하면 주님의 겸손으로 충만해진다는 믿음을 강하게 하소서.

나의 소망이신 거룩한 주님!

저의 소망은 주님께 있습니다. 주님에 대한 믿음을 갖고 세상으로 들어가서 주님의 마음이 주님의 자녀들에게도 있음을 보여주겠습니다. 그러니 낮아지는 마음으로 다른 이들을 더 높이는 법을 가르쳐주소서. 소망 가운데 겸손함으로 당신을 바라보게 하소서. 아멘.

영혼을 파멸하는
죄를 죽여라

만일 우리가 그의 죽으심과 같은 모양으로 연합한 자가 되었으면 또한 그의 부활과 같은 모양으로 연합한 자도 되리라. …그가 죽으심은 죄에 대하여 단번에 죽으심이요 그가 살아 계심은 하나님께 대하여 살아 계심이니 이와 같이 너희도 너희 자신을 죄에 대하여는 죽은 자요 그리스도 예수 안에서 하나님께 대하여는 살아 있는 자로 여길지어다. 로마서 6:5,10-11.

우리는 예수님의 죽음 덕분에 구원을 받았다. 그 죽음의 의미를 잘 이해하면 할수록 우리는 죽음의 능력을 더욱 풍성하게 경험하게 되고, 예수님의 죽음과 같은 모양으로 연합하는 것이 무슨 뜻인지 배우게 된다. 삶 속에서 예수님처럼 되기를 진정으로 갈망하는 사람은 누구든지 예수님의 죽음을 본받는다는 것이 무슨 뜻인지 이해하려고 노력해야 한다.

예수님은 죽음을 통해서 이중적인 사역을 감당하셨다. 하나는 우리를 위해서 의를 이루는 것이고, 또 다른 하나는 우리를 위해서 생명을 얻는 일이었다. 성경에서는 이 사역의 첫째 부분을 거론할 때 예수님이 우리의 죄를 위해서 죽었다는 표현을 사용한다. 예수님이 죄를 지고 형벌을 당하셨다는 뜻이다. 그래서 예수님은 속죄를 하고 우리가 하나님 앞에 서도록 의를 가져다 주셨다.

성경에서는 예수님이 성취하신 사역의 두 번째 부분을 거론할 때 예수님이 죄에 대하여 죽었다는 표현을 사용한다. 죄에 대하여 죽는다는 것은 예수님과 죄 사이의 법적 관계를 언급하는 것이다. 하나님이 우리의 죄를 예수님께 담당시키셔서 예수님의 죽음을 통해 죄의 속죄가 하나님 앞에서 이루어진 것이다.

죄에 대하여 죽는다는 것은 예수님의 죽음을 통한 인격적인 관계를 가리킨다. 죄와의 관계가 완전히 단절되었다는 뜻이다. 예수님이 이 세상에 계실 때 죄는 갈등과 고난을 안겨주려고 상당한 힘을 발휘했다. 하지만 예수님의 죽음으로 이 모든 일이 끝났다. 죄는 더 이상 예수님을 시험하거나 상하게 할 능력을 잃었다. 예수님은 죄의 영역 밖이었다. 죽음은 예수님과 죄를 완벽하게 갈라서게 했다. 예수님은 죄에 대하여 죽으셨다.

우리 역시 예수님처럼 죄에 대하여 죽었다. 성도는 예수님의 죽음과 같은 모양으로 그분과 연합했다. 그래서 예수님이 우리의 죄를 위해 죽어서 우리를 속죄하셨다는 지식이 '칭의'에 필수적인 것처럼, 예수님이 그리고 그분의 죽음과 같은 모양으로 우리가 그분과 함께 죄에 대하여 죽었다는 지식은 '성화'를 위해 필수적이다. 우리는 이것을 이해하기 위해서 노력해야 한다.

예수님은 둘째 아담으로 죽으셨다. 첫째 아담과 함께 우리는 그 아담의 죽음의 모양 안에 함께 심겨져 있었다. 아담은 죽었고, 우리도 그와 함께 죽었다. 그래서 죽음의 권세가 우리 안에서 역사하는 것이다. 우리는 진정으로 아담 안에서 죽었다. 아담 자신이 죽은 것과 동일하게 우리도 그렇게 죽었다. 우리는 이것을 이해할 수 있다. 마찬가지로 우리는 예수님의 죽음의 모양 안에 함께 심겨져 있다. 예수님이 죄에 대하여 죽으셨으니 우리 역시 그분 안에서 죄에 대하여 죽은 것이다. 그리고 지금 예수님의 죽으심의 능력이 우리 안에서 역사하신다.

우리는 처음 태어나서 첫째 아담의 죽음에 참여자가 되었다. 다시 태어남으로써 우리는 둘째 아담의 죽음에 참여자가 되었다. 예수님을 영접하는 성도마다 예수님의 죽음의 능력에 참여하고 죄에 대하여는 죽었다. 그런데 성도는 자신이 지닌 이 소중한 내용을 모를 수 있다. 대부분의 성도들은 예수님이 우리의 죄를 위하여 죽음으로써 자신이 의롭게 되었다는 점에 지나치게 관심을 기울이다 보니 예수님 안에서 자신이 죽은 것이 무엇을 의미하는지 알려고 하지 않는다. 그들이 자신의 성화를 위해서 예수님이 필요하다는 사실을 처음으로 깨닫게 되면, 예수님의 죽음을 본받는다는 것을 이해하고 싶은 마음이 살아나게 될 것이다. 예수님이 죄에 대하여 죽으신 것처럼 자신 역시 죄에 대하여 죽었다는 사실을 통해 성화의 비밀을 알게 되는 것이다.

이것을 알지 못하는 그리스도인들은 죄가 너무 강해서 감당할 수 없고, 또 죄가 여전히 권세를 행사하는 바람에 어느 때는 그것에 복종하지 않을 수 없다고 생각하기도 한다. 하지만 그렇게 생각하는 것은 자신이 예수님처럼 죄에 대하여 죽었다는 사실을 모르기 때문이다. 이것이 의미하는 바를 믿고 깨닫기만 하면 이렇게 말할 것이다.

"예수님이 죄에 대하여 죽으셨다. 죄는 더 이상 그분께 할 말이 없다. 예수님의 삶과 죽음에 대해서 죄가 능력을 행사했다. 그분께 십자가의 고난과 무덤이라는 굴욕을 안긴 것이 바로 죄였다. 하지만 이제 예수님이 죄에 대하여 죽으셨다. 죄는 예수님을 더 이상 주장하지 못하게 되었고, 예수님은 전적으로 영원히 죄의 권세에서 자유를 얻으셨다. 성도인 나 역시 그렇다. 내 안에 있는 새 생명은 죽음에서 부활하신 예수님의 생명이고, 죽음을 통해서 얻은 생명이며, 죄에 대하여 전적으로 죽은 생명이다."

그리스도 예수 안에서 새로운 피조물인 우리는 영광스럽게 말할 수 있다. "나도 예수님처럼 죄에 대하여 죽었다. 죄는 내게 어떤 권리나 권세를 행사할 수 없다. 나는 죄에서 자유롭게 되었다. 그러니 내게는 죄가 필요 없다."

그런데 우리가 여전히 죄를 짓고 있다면 죄에 대하여 죽은 사람처럼 살아갈 수 있는 특권을 활용하지 못하기 때문이다. 무지와 태만, 혹은 불신 때문에 예수님의 죽음과 죄에 대한 자세를 본받는 능력과 의미를 간과해버린 것이다. 하지만 예수님의 죽음에 참여한다는 것이 무엇을 의미하는지 확실하게 믿으면 죄를 이길 수 있는 능력을 갖게 된다. "죄가 죽었다"고 말하지 않는 것의 의미를 제대로 알게 된다. 그렇다. 죄는 죽지 않았다. 죄는 여전히 살아서 육체 가운데서 활동한다. 하지만 우리는 죄에 대하여 죽었고 하나님에 대하여 살았다. 그래서 우리가 동의하지 않으면 죄는 단 한순간도 우리를 지배할 수 없다. 만약 우리가 죄를 지었다면 그것은 우리 스스로가 죄를 용납하고 죄에 대해서 복종했기 때문이다.

예수님처럼 되려고 하는 그리스도인은 그분의 죽음의 형상을 삶의 가장 영광스러운 부분으로 받아들여야 한다. 무엇보다 믿음으로 그렇게 해야 한다. 진정으로 죄에 대하여 죽었다는 사실을 믿어야 한다. 확정된 것으로 간주해야 한다. 하나님은 모든 자녀에게, 우리가 비록 더할 나위 없이 연약해도 그렇게 말씀하신다. 하나님 앞에서 고백하라. "예수님처럼 나도 죄에 대하여 죽었습니다." 그렇게 말하는 것을 두려워할 필요는 없다. 그것은 진리이기 때문이다. 성령님께 우리가 예수님과의 연합에서 담당하는 이 부분을 진지하게 조명해서 그것이 단순히 교리가 아니라 능력과 진리로 삼게 해달라고 간구하라.

우리는 죽음을 통해 죄의 권세에서 벗어나, 이제는 예수 그리스도 때문에 죄를 지배하는 삶을 사는 사람처럼 죄에 대하여 죽은 상태로 산다는 것이 무엇을 의미하는지 더 자세히 알려고 노력해야 한다. 그렇게 예수님의 죽음을 닮으면 그분의 죽음에 순종하게 된다. 그리고 예수님의 죽음이 우리 삶의 모든 기능과 능력 안에서 제 역할을 감당하면 점진적으로 그것을 활용할 수 있는 능력을 갖게 된다(빌립보서 3장 참조).

그러나 이렇게 예수님의 죽음을 본받는 일에서 축복을 제대로 누리려면 특별히 두 가지에 주목해야 한다. 첫째는 우리에게 의무가 뒤따른다는 것이다. "죄에 대하여 죽은 우리가 어찌 그 가운데 더 살리요"(롬 6:2). 우리는 세례를 받아서 참여한 예수님의 이 죽음의 의미를 더 깊이 파고들려고 노력해야 한다. 예수님의 죽음의 의미는 이렇다. 즉 죄를 범하느니 차라리 죽어서 — 죄를 이기기 위해서 죽음도 마다하지 않아서 — 죄의 권세를 벗어나게 되었다는 것이다. 이 말씀을 삶의 근거로 삼아야 한다. "무릇 그리스도 예수와 합하여 세례를 받은 우리는 그의 죽으심과 합하여 세례를 받은 줄을 알지 못하느냐"(롬 6:3). 성령의 세례를 받아 계속해서 예수님의 죽음으로 더 깊이 들어가되 하나님 말씀의 능력이 우리의 모든 말과 행동에 드러날 때까지, 즉 죄에 대해서 죽어서 예수님의 죽음과 하나가 될 때까지 그렇게 해야 한다.

또 다른 교훈은 이렇다. 예수님의 죽음을 닮는 것은 의무가 아니라 능력이라는 것이다. 예수님을 닮고 싶어 하는 우리에게 반드시 필요한 것이 한 가지 있다. 하나님의 말할 수 없이 위대한 능력이 우리 안에서 역사하고 있음을 아는 일이다. 예수님은 죽음을 맞을 때 이 영원한 능력으로 지옥의 권세와 싸워서 정복하셨다. 우리는 예수님의 죽음에 참여하고 있다. 우리는 예수님이 죽음을 이길 때 사용하신 모든 능력을 함께하고 있다. 우리는 즐겁게 믿음으로 자신을 내려놓아서 예수님의 죽음과 하나 되는 쪽으로 인도를 받아야 한다. 그러면 진정으로 예수님을 본받게 될 것이다.

* * * * *

승리하신 나의 주님!

주님의 은혜를 정말 제대로 깨닫지 못했습니다. "그의 죽으심과 같은 모양으로 연합한 자가 되었으면"이라는 말씀을 자주 읽었고, 주님이 죄에 대하여 죽은 것처럼 "이와 같이 너희도"라고 믿음의 사람들에게 주어진 말씀도 알고 있었습니다. 하지만 그 능력을 알지 못했습니다. 그래서 주님의 죽음을 닮는 것을 알지 못하는 저는 죄의 권세로부터 풀려났다는 사실을 알지 못하고 죄를 정복한 사람으로서 죄를 다스릴 수 있음을 몰랐습니다. 주님, 주님은 제게 진정으로 놀라운 광경을 보여주셨습니다. 믿음으로 주님의 죽음을 본받고 주님의 말씀에 의지해서 스스로 죄에 대하여 죽은 것으로 여기는 사람은 죄의 지배를 받지 않습니다. 하나님을 위해서 살아갈 수 있는 능력을 지니고 있습니다.

사랑이신 나의 주님!

성령께서 이것을 더 완벽하게 내게 교훈하게 하소서. 주님의 말씀을 단순한 믿음으로 받아들여서 주님 안에서 죄에 대하여 죽은 사람이 되게 하소서. 주님, 저는 주님 안에서 죄에 대하여 죽었습니다. 그것을 단단히 붙들기보다 오히려 믿음으로 주님을 굳게 붙들어서 저의 삶 전체가 증거가 되도록 가르쳐주소서. 주님, 저를 받으시고 주님과 직접 교제를 계속하게 하셔서 주님 안에 거하면서 주님 안에서 죄에 대하여는 죽고 하나님에 대하여는 살게 하소서. 아멘.

죽음을 본받아서
모든 것을 포기하고

내가 그리스도와 그 부활의 권능과 그 고난에 참여함을 알고자
하여 그의 죽으심을 본받아. 빌립보서 3:10.

우리는 예수님의 죽음이 십자가의 죽음이었다는 사실을 알고
있다. 십자가의 죽음은 예수님의 더할 나위 없는 영광이라는 것
도 알고 있다. 그런 죽음이 없었다면 예수님 역시 없었을 것이
다. 이 세상과 하늘나라에서 다른 존재들과 — 그것이 신적 존
재이든 하나님의 우주에 속한 것이든 간에 — 그분을 구분하는
중요한 특징이자 경계는 바로 이것, 즉 예수님은 십자가에 달린
하나님의 아들이라는 사실이다.

사도 바울은 이것에 매력을 느꼈다. 예수님이 누린 영광과 축복

은 아주 당연한 일이었다. 바울은 예수님의 죽음을 본받는 것이 그분의 모습과 가장 가까워지는 것이라고 생각했다. 예수님의 죽음을 본받으면서 그분처럼 죽음을 경험하고 싶어 했다.

예수님이 활동하실 때 죄는 그분을 유혹했다. 하지만 예수님이 십자가에서 죽으심으로 죄는 끝났다. 십자가의 죽음은 죄에 대한 죽음이라서 더 이상 예수님과 상관이 없다. 그래서 예수님의 죽음을 본받는 것은 죄의 권세로부터 지켜주는 능력이 된다. 성령님의 은총을 통해서 예수님과 함께 십자가에 달린 사람으로서의 위치를 지키고, 십자가에 달리신 예수님이 내 안에 살고 있듯이 십자가의 삶을 살면 죄를 벗어날 수 있다.

예수님의 십자가의 죽음은 향기로운 희생제물이라서 하나님을 한없이 기쁘게 했다. 만일 하나님의 사랑 안에 거하면서 하나님의 기쁨이 되고 싶다면 예수님의 죽음을 본받는 것만큼 철저하고 완벽하게 감당하는 것이 존재하지 않는다. 하나님께서는 우주 어디에서도 십자가에 달리신 예수님의 모습보다 아름답고 거룩하고 하늘나라에 적합하고 놀라운 광경이 있을 수 없기 때문이다. 그러므로 우리는 예수님을 가까이할수록, 예수님의 죽음을 본받을수록 예수님의 사랑의 품에 안기게 될 것을 확신하게 된다.

예수님의 십자가의 죽음은 부활의 생명, 불변하는 영원한 생명으로 들어가는 입구이다. 우리는 영적생활을 하면서도 부활의 생명이 지닌 능력을 있는 그대로 주장하지 못하는, 여전히 무엇인가 부족한 것을 보여주는 단절과 실패, 그리고 간격 때문에 이따금씩 슬퍼한다. 그것은 예수님의 십자가를 완전히 본받는 상태에 이르지 못한 다소 미묘한 자기중심적 삶이 여전히 존재하기 때문이다. 더욱 확실하게 십자가의 교제에 참여하는 것 이외에 부활의 기쁨을 제대로 누릴 수 있게 하는 것은 분명히 존재하지 않는다.

무엇보다 예수님을 세상의 빛이 되게 하고 축복하며 구원할 수 있는 능력을 허락한 것은 십자가의 죽음이다(요 12:24-25). 예수님의 죽음을 본받으면 자신은 사라지게 된다. 우리는 자신을 위한 삶을 포기하고 다른 이들을 위해서 죽음을 맞이하게 된다. 우리는 다른 이들의 죄를 감당하려 스스로를 포기하는 것을 하나님이 받아주신다고 확신하게 된다. 이런 죽음 때문에 우리는 사랑하고 축복할 수 있는 능력을 지니고 되살아나게 되는 것이다.

그렇다면 그런 축복을 가져오는 십자가의 죽음을 본받는 것은 무엇이고, 그것은 무엇으로 이루어졌을까? 그것은 예수님에게서 확인할 수 있다. 십자가는 전적인 자기부정을 뜻한다. 십자가는 자기 죽음을 의미한다. 하나님의 뜻이 이루어질 수 있게 우리의 의지와 목숨이 하나님의 뜻 안에서 사라지도록 철저히 포기하는 것이다. 이것이 바로 예수님이 행하신 십자가의 의미이다. 예수님이 자신을 포기하기 전에 엄청난 갈등을 겪으신 것도 바로 이 때문이다.

예수님은 죽음을 앞두고 많은 상처를 받고 침울해하고 슬퍼하셨다. 십자가와 저주 때문에 움츠러들었다. 예수님은 제대로 입을 떼기 전까지 이런 기도를 세 차례나 하셨다. "내 원대로 마시옵고 아버지의 원대로 되기를 원하나이다"(눅 22:42). 하지만 결국 말씀하셨다. 자신을 십자가에 맡긴다는 것은 이런 의미이다. 즉 "하나님의 뜻이 이루어져야 한다면 무엇이든지 할 것입니다. 나는 하나님의 뜻이 이루어진다면 모든 것을 포기하겠습니다."

그리고 예수님의 죽음을 본받는 것은 우리 자신과 우리의 모든 삶 — 의지와 행위의 능력까지 포함해서 — 을 하나님께 바치는 것이다. 그러면 하나님의 의도대로 우리에게 계시된 것 이외에는 그 무엇도 되지 않고 노력하지 않으며 행동하지 않는 것을 익히게 된다. 그래서 그런 삶을 예수님의 죽음을 본받는 것이라고 부른다. 예수님의 죽음과 어느 정도 비슷해서가 아니라 십자가에 달리신 예수님을 살아나게 한 생명을 직접 자신의 영을 통해 우리 안에서 거듭 움직이게 하기 때문이다. 이것이 아니었다면 십자가의 죽음을 본받는 것은 신성모독의 죄를 저지르는 것이다.

하지만 지금은 신성모독이 아니다. 십자가에 달리신 예수님의 영인 성령님의 능력 때문에 우리는 복된 부활의 생명이 십자가에서 비롯된 십자가의 생명으로부터 능력과 영광을 얻게 되었음을 알게 되었다. 그러기에 우리는 자신을 십자가에 바쳐야 한다. 십자가의 소유가 되었다고 믿는 것이다. 스스로 선하거나 거룩한 것을 전혀 생각하거나 실천할 수 있는 능력이 없다는 것, 즉 육체의 능력이 잘 드러나 내적인 모든 것을 더럽힌다는 사실을 깨달으면 소유한 모든 능력을 포기하고 십자가의 저주의 자리에 모든 것을 내려놓는다. 그러면 자신의 존재가 소유한 모든 능력, 영혼과 육신의 모든 능력을 예수님의 처분에 맡기게 된다. 자신의 모든 것을 불신하여 부정하고, 예수님에 대한 모든 것을 신뢰하는 삶을 살게 된다. 십자가의 정신이 존재 전체에서 호흡하기 때문이다.

그리고 십자가에 달린 자세를 유지하는 것이 고통스러운 긴장과 지루한 노력의 문제처럼 보이지만 사실이 아니다. 사도 바울이 처음 지적했듯이 부활의 능력을 지닌 예수님을 알고 그분의 죽음을 본받는 사람에게 있어서 그것은 휴식과 능력과 승리이다. 우리는 죽어 있는 십자가와 스스로의 자기부정과 자신의 능력에 의한 노력이 아니라 살아계신 예수님을 본받아야 한다. 그분은 이미 십자가에서 죽으셨다가 부활의 생명으로 들어가셨다. "내가 그리스도와 함께 십자가에 못 박혔나니 그런즉 이제는 내가 사는 것이 아니요 오직 내 안에 그리스도께서 사시는 것이라. 이제 내가 육체 가운데 사는 것은 나를 사랑하사 나를 위하여 자기 자신을 버리신 하나님의 아들을 믿는 믿음 안에서 사는 것이라"(갈 2:20). 이것 덕분에 더할 나위 없이 완벽하게 예수님의 죽음을 본받기 위해서 성장하고 더 깊이 들어갈 수 있는 용기와 바람을 갖게 된다.

그렇다면 이 복된 본받음을 어떻게 완성할 수 있을까? 사도 바울에게서 해답을 얻을 수 있다. "그러나 무엇이든지 내게 유익하던 것을 내가 그리스도를 위하여 다 해로 여길뿐더러 또한 모든 것을 해로 여김은 내 주 그리스도 예수를 아는 지식이 가장 고상하기 때문이라. 내가 그를 위하여 모든 것을 잃어버리고 배설물로 여김은 그리스도를 얻고 그 안에서 발견되려 함이니…. 내가 그리스도와 그 부활의 권능과 그 고난에 참여함을 알고자 하여 그의 죽으심을 본받아 어떻게 해서든지 죽은 자 가운데서 부활에 이르려 하노니"(빌 3:7-11). 그러므로 우리는 예수님의 인정을 받을 수 있도록 그분과 함께하는 십자가의 자리에 모든 것을 내려놓아야 한다.

그리고 모든 것을 포기하는 일이 어렵고, 그에 따른 보상이 평생 십자가에서 지내는 것처럼 보이면 바울의 말에 다시 귀를 기울여라. 바울은 어째서 자신이 모든 것을 기꺼이 포기하고 전적으로 십자가를 선택했는지 들려주고 있기 때문이다. 십자가는 예수님과의 완벽한 연합을 가능하게 하는 자리였다. 예수님을 알고, 예수님을 얻고, 예수님 안에서 발견되고, 예수님처럼 되면 정열이 불타올라서 모든 것을 쉽게 포기하고 십자가를 강력하고 매력적인 능력으로 간주한다. 어떻게든 예수님께 더 가까이 가게 된다. 바울의 좌우명은 "무엇을 하든지 주님을 위해서"였다. "예수님의 죽음을 본받으려면 어떻게 해야 할까?"라는 질문에는 두 가지 대답이 포함되어 있다. 하나는 모든 것을 버리는 것이고, 또 다른 하나는 예수님이 들어오시게 하는 것이다. 무엇을 하든지 주님을 위함이다.

그렇다. 예수님을 알아야만 예수님의 죽음을 본받을 수 있다. 그런데 우리가 예수님을 얻고, 예수님 안에서 발견되고, 부활의 능력 안에 있는 예수님을 알게 되면 가능성을 넘어서 복된 현실이 된다. 그러니 예수님의 사랑을 받는 우리는 십자가에 달리신 주님을 바라보고, 바라보아야 한다. 우리의 영혼이 "나의 주님, 주님처럼 되어야 합니다"라고 말하는 법을 배울 때까지 예수님을 바라보아야 한다. 십자가에 달리신 예수님이 늘 존재하는 전능함으로 우리 안에 거하시고, 우리의 존재를 통해서 십자가의 생명이 숨 쉬는 것을 볼 때까지 예수님을 바라보아야 한다.

예수님이 자신을 하나님께 바치신 것은 영원하신 성령님 때문이었다. 그 영이 십자가의 죽음이 뜻하는 모든 것을 가져다가 나눠주시고 우리의 생명으로 삼게 하셨다. 예수님은 성령님을 통해서 믿음을 가진 모든 영혼에게 죄와 자신을 영원히 죽이는 십자가의 능력을 지속시키신다. 그것이 바로 부활의 생명과 능력의 끝없는 원천이기 때문이다. 그러니 다시 한 번 그분, 곧 십자가에 달렸지만 살아 계신 예수님을 바라보라.

그런데 무엇보다 기억해야 할 일은 힘을 다해서 최고와 최상의 것을 구하되 완전한 축복은 노력의 결과가 아니라 구할 필요가 없이 위로부터 값없이 주어지는 선물이라는 사실을 기억해야 한다. 예수님이 스스로를 드러내기 기뻐하실 때 우리는 그분의 죽음을 본받게 된다. 그러므로 예수님께 구하고 얻어야 한다.

* * * * *

부활하신 나의 주님!

이 지식이 너무나 놀랍습니다. 너무 높아서 다가갈 수 없습니다. 부활의 능력 안에서 주님을 알고, 주님의 죽음을 본받는 것은 지혜롭고 똑똑한 사람에게는 숨겨지고 어린아이들에게 계시되었습니다. 선택받은 영혼들에게만 하나님 나라의 신비를 알려주셨습니다.

위대하신 나의 주님!

노력으로 주님의 모습을 닮겠다는 생각이 얼마나 어리석은 일인지 더욱 확실하게 알게 되었습니다. 놀라운 주님의 사랑스러운 친절과 값없이 주어지는 은혜로써 저를 돌아보시고 주님을 계시하여주소서. 나의 주님, 하늘의 처소에서 내려오셔서 저를 가까이하시고, 저를 준비시켜서 주님의 생명과 죽음과 온전히 교제하게 하며, 주님은 물론, 주님이 구원하시려고 죽으신 영혼들을 위하여 살고 죽게 하소서.

사랑의 구세주시여!

그것이 주님의 뜻이라는 것을 알고 있습니다. 구속을 받은 영혼에게 주시는 주님의 사랑은 끝이 없습니다. 저를 가르치소서. 주님을 위해 모든 것을 포기하게 하시고, 저를 영원히 주님의 것으로 삼아주소서. 그리고 멸망하는 자를 위한 자기희생으로 주님의 죽음을 본받는 것을 어떻게든지 제 삶을 통해 드러내게 하소서. 아멘.

욕망의 시선을
하나님의 시선으로

너희 중에는 그렇지 않아야 하나니 너희 중에 누구든지 크고자
하는 자는 너희를 섬기는 자가 되고 너희 중에 누구든지 으뜸이
되고자 하는 자는 너희의 종이 되어야 하리라. 인자가 온 것은
섬김을 받으려 함이 아니라 도리어 섬기려 하고 자기 목숨을 많
은 사람의 대속물로 주려 함이니라. 마태복음 20:26-28.

그가 우리를 위하여 목숨을 버리셨으니 우리가 이로써 사랑을
알고 우리도 형제들을 위하여 목숨을 버리는 것이 마땅하니라.
요한일서 3:16.

예수님의 죽음과 그것을 본받는 것에 대해서, 즉 십자가를 지는
것과 예수님과 함께 십자가에 못 박히는 것에 대해서 거론하는

데는 성실한 그리스도인도 피해갈 수 없는 한 가지 위험이 존재한다. 그 위험은 스스로를 위해 이런 축복을 추구하거나 자신의 개인적인 완전을 위해 하나님의 영광을 추구한다고 생각하는 것이다. 이런 잘못은 치명적일 수 있다. 왜냐하면 예수님의 죽음을 제대로 본받고 싶어도 해낼 수 없으며, 예수님의 죽음과 그것에서 비롯된 자기희생 가운데 핵심을 건너뛸 수 있으며, 예수님의 죽음은 다른 사람들을 위한 절대적인 이타적 성격을 갖고 있기 때문이다.

예수님의 죽음을 본받는 것은 자신에 대하여 죽고, 자신을 포기하며, 다른 이들을 위해 자신의 삶을 내려놓음으로써 자신을 모두 잊어버리는 것을 뜻한다. "우리가 얼마나 다른 이들을 사랑하고 섬기고 구원하는 삶을 살아야 하는가?"라는 질문에 대해서 성경은 주저하지 않고 명확한 답변을 제시한다. 즉 우리는 목숨을 포기하는 수준에 이르기까지 예수님을 따라가야 한다는 것이다. 우리는 이것을 구속받고 이 세상에 남게 된 목적 자체로 간주할 필요가 있다. 우리가 생존하는 한 가지 목적은 정해진 수순에 따라서 죽음에 생명을 맡기는 것이다. 예수님처럼 이 세상에 남아 있는 유일한 목적은 죄인을 구원해서 하나님께 영광을 돌리기 위함이다. 성경은 속죄와 구속을 위해 주님이 가신 고난의 길을 우리가 뒤따라야 한다고 주저하지 않고 말한다.

이것은 예수님의 말씀에서도 아주 분명하게 드러나 있다.

"너희 중에는 그렇지 않아야 하나니 너희 중에 누구든지 크고자 하는 자는 너희를 섬기는 자가 되고 너희 중에 누구든지 으뜸이 되고자 하는 자는 너희의 종이 되어야 하리라. 인자가 온 것은 섬김을 받으려 함이 아니라 도리어 섬기려 하고 자기 목숨을 많은 사람의 대속물로 주려 함이니라"(마 20:26-28). 가장 낮은 곳에서 섬기고 자기 목숨을 대속물로 주신 예수님을 가장 많이 닮은 사람이 가장 큰 영광의 자리에 있게 된다는 뜻이다.

그리고 며칠 뒤에 예수님은 다시 한 번 자신의 죽음을 언급하셨다. "예수께서 대답하여 이르시되 인자가 영광을 얻을 때가 왔도다. 내가 진실로 진실로 너희에게 이르노니 한 알의 밀이 땅에 떨어져 죽지 아니하면 한 알 그대로 있고 죽으면 많은 열매를 맺느니라"(요 12:23-24). 예수님은 이미 거듭 말씀하신 것을 제자들에게 강조하셨다. "자기의 생명을 사랑하는 자는 잃어버릴 것이요 이 세상에서 자기의 생명을 미워하는 자는 영생하도록 보전하리라"(요 12:25). 밀알이 죽었다가 다시 살아나서 많은 결실을 맺는다는 것은 주님은 물론 제자들의 상징으로 제시되었다.

목숨을 사랑하고 죽기를 거부하는 것은 홀로 이기적이라는 뜻이다. 목숨을 버려서 다른 이들에게 많은 열매를 맺게 하는 것은 목숨을 지키는 유일한 방법이다. 예수님처럼 다른 이들의 구원을 위해서 목숨을 포기하는 것 말고는 달리 그것을 찾을 수 있는 길이 없다. 여기에 하나님이 계시고, 여기에서 우리가 영광을 누리게 된다. 예수님의 죽음을 본받는 것에 대한 가장 기본적인 의도는 자신의 생명을 다른 이들을 구원하기 위해 하나님께 드린다는 것이다. 이것이 없다면 예수님의 죽음을 본받으려는 생각은 세련된 이기심으로 전락할 뿐이다.

사도 바울은 이런 정신을 아주 탁월하게 소개하고 있다. "우리가 항상 예수의 죽음을 몸에 짊어짐은 예수의 생명이 또한 우리 몸에 나타나게 하려 함이라. 우리 살아 있는 자가 항상 예수를 위하여 죽음에 넘겨짐은 예수의 생명이 또한 우리 죽을 육체에 나타나게 하려 함이라. 그런즉 사망은 우리 안에서 역사하고 생명은 너희 안에서 역사하느니라"(고후 4:10-12). "그리스도께서 약하심으로 십자가에 못 박히셨으나 하나님의 능력으로 살아 계시니 우리도 그 안에서 약하나 너희에게 대하여 하나님의 능력으로 그와 함께 살리라"(고후 13:4). "나는 이제 너희를 위하여 받는 괴로움을 기뻐하고 그리스도의 남은 고난을 그의 몸된 교회를 위하여 내 육체에 채우노라"(골 1:24). 이 말씀들은 예수님이 십자가에서 몸으로 감당하신 고난의 대속적인 요소가 그분의 몸된 교회가 겪는 고난을 여전히 상징한다고 소개하고 있다.

주님 앞에서 사람들의 짐을 지고 영혼을 얻기 위해 비난과 수치와 피로와 고통을 겪는 성도들은 예수님의 남은 고난에 참여하는 것이다. 주님의 고난과 죽음의 능력과의 교제는 예수님의 생명의 능력이 사랑을 실천하는 그들 안에서 움직이게 한다. 빌립보서 3장에 기록된 예수님 고난과의 교제와 죽음의 본받음을 통해 바울은 육체적으로 예수님의 고난에 참여했을 뿐 아니라 내적으로도 예수님의 고난에 참여했다. 그래서 우리 각자도 그래야 한다. 우리 자신의 성화가 아니라 불신자의 구원을 위한 자기희생은 우리를 위해 자신을 주신 예수님과의 진정한 교제를 가능하게 한다. 이런 생각을 실제로 적용하는 일은 아주 간단하다. 성령님이 우리에게 말씀하시려는 진리를 확인하려고 노력하는 것이다.

예수님을 닮는 데 있어서 가장 중요한 일은 그분의 죽음을 닮는 것이고, 그분의 죽음을 닮는 데 있어서 가장 중요한 일은 다른 이들을 하나님께 이끌기 위해서 우리의 생명을 포기하는 일이다. 그것은 자기를 구원하겠다는 생각이 다른 이들을 구원하겠다는 생각 때문에 완전히 사라지는 죽음이다.

우리는 자신이 예수님께서 머물던 세상에 있다는 것을 느끼며, 스스로를 포기하고 사랑하며, 섬기고 살고 죽는 법을 익혀야 한다. 그리고 성령의 빛이 이것을 비춰달라고 기도해야 한다. "인자가 온 것은 섬김을 받으려 함이 아니라 도리어 섬기려 하고 자기 목숨을 많은 사람의 대속물로 주려 함이니라"(마 20:28). 하나님이 자기 사람들에게 주어진 부름을 알려주시기를 기도하

라. 그들은 자신이 아니라 하나님과 사람들에게 속해 있다. 그러므로 예수님처럼 오직 세상에 축복이 되는 삶을 살아야 한다.

그러고는 이 진리에 대한 경험을 현실로 만들기 위해 기다리는 은총을 믿어야 한다. 하나님은 자신의 영광을 위하여 다른 이들을 구원하는 일에 삶 전체를 포기하는 것을 받아주신다는 사실을 믿어야 한다. 이것을 삶의 원리로 삼아서 예수님의 죽음을 본받는 것은 성령님이 역사하시기 때문이라는 사실을 믿어야 한다. 무엇보다 예수님을 믿어야 한다. 주님은 직접 모든 영혼을 취해서 완전히 복종하며 따르고 사랑 때문에 목숨을 던져서 많은 열매를 맺게 하는 자신의 죽음과 진정한 교제를 나누게 하신다.

믿음을 갖고서 예수님의 역사와 은사를 위로부터 기대하면서 예수님 닮기를 소망하라. 그리고 즉시 이 믿음의 실행에 착수하라. 실천하라. 예수님처럼 다른 이들과 교제하면서 하나님을 위해 죽고 사는 데 온전히 바쳐진 존재로서 스스로를 바라보면서 새로운 열정으로 영혼 구원을 위한 사랑의 사역을 실행하라. 예수님이 자신을 닮는 일을 완성하도록 기다리면서, 성령님이 예수님의 마음을 더욱 온전히 전해주기를 신뢰하면서 오직 다른 이들을 축복하려고 살고 죽은 예수님의 제자답게 행동하기 시작하라.

우리의 사랑이 자비와 관대함과 유익함으로 우리가 일상에서 만나는 모든 사람을 비추려고 하는 일로 이어져야 한다. 사랑으로 중보하는 일에 힘쓰고 기도에 대한 응답에 우리가 도구가 되도록 하나님을 바라보아야 한다. 우리는 축복을 확신하게 하는 사명과 능력을 위로부터 받은 이들답게 예수님을 위해서 말하고 활동해야 한다. 영혼 구원을 우리의 목적으로 삼아야 한다. 예수님이 파송하는 위대한 추수꾼의 무리에 동참해야 한다. 그리고 우리가 아직 알지 못하더라도 다른 이들을 하나님께 인도하는 데 목숨을 바치는 일은 자기를 죽이는 가장 복된 길이고, 잃어버린 사람들의 종이며, 구세주였던 인자처럼 되는 믿음의 행위라고 여겨야 한다.

예수님을 닮는 것은 놀랍고 말로 표현할 수 없는 축복이다. 예수님은 사람들에게 헌신하셨지만 실제로 다가가실 수 없었다. 그들을 위해 하나님께 희생제물이 되었을 때에야 가능했다. 밀알이 죽어야 생명이 쏟아져 나온다. 그러면 축복이 강력한 능력을 발휘하면서 흘러나오게 된다. 내가 사람들을 사랑하고 섬기려고 노력할 때, 내가 자신을 하나님께 바치고 목숨을 하나님의 손에 맡길 때 비로소 그들에게 진정으로 영향을 끼치고 축복할 수 있다. 내가 자신을 제단에 바치고 잃어버릴 때 비로소 주의 영과 능력을 통해 축복이 된다. 내 영혼을 주님의 손에 맡기면 나를 사용하고 축복하신다.

* * * * *

지극히 복되신 하나님!

저의 동료들을 위해 하나님에게 제 자신을, 제 생명을 죽음에
이르기까지 전적으로 바치라고 요구하시는 겁니까? 주님의 말
씀을 제대로 들은 것이라면 실제로 하나님은 바로 그것을 요구
하십니다.

은혜의 하나님!

실제로 저는 하나님의 것입니까? 제가 스스로를 내려놓고 사
람들 때문에 산 제물이 되어 죽음의 제단에서 예수님과 함께 십
자가에 달린 채 큰 믿음을 갖고 "예수님 안에서 내가 그처럼 이
웃들을 위해서 살고 죽기를 바라십니까?"라고 말할 수 있습니
까? 주님, 이 더할 수 없이 놀라운 은총을 허락하시니 하나님을
찬양합니다. 그리고 이제 하나님 앞에 나와서 저를 드립니다.
성령님의 은혜가 분명하고 실제로 가능하게 하소서. 주님, 오직
당신이 구원하려고 하시는 이들을 위해 살겠다고 헌신한 제가
여기에 있습니다.

복되신 예수님!

오셔서 주님의 마음과 사랑이 제 안에서 숨 쉬게 하소서. 저를
소유하시어 사람들을 위해 하나님께 바쳐진 자로서 저의 생각이
생각하고, 저의 마음이 느끼며, 저의 능력이 발휘되고, 저의 생

명이 살게 하소서. 그 일이 이루어졌고, 하나님께 바쳐졌으며, 저를 받으셨다고 제 마음에 기록해주소서. 매일 주님이 사용하실 것을 기대하고 확신하면서 저를 주님의 손으로 삼아주소서. 주님이 스스로를 포기하자 능력 있는 삶과 넉넉한 축복과 능력이 계속해서 흘러나왔습니다. 주님의 사람들에게도 그런 일이 일어나게 하소서. 주님의 이름이 영광을 받으소서. 아멘.

P·A·R·T·7

온유함으로 하나님을
영화롭게 하라

01

온유함은 믿음의 훌륭한 장식이다

그는 겸손하여 나귀 곧 멍에 메는 짐승의 새끼를 탔도다. 마태복음 21:5. 나는 마음이 온유하고 겸손하니 나의 멍에를 메고 내게 배우라. 그리하면 너희 마음이 쉼을 얻으리니. 마태복음 11:29.

이 두 개의 말씀 가운데 첫 번째 말씀은 십자가의 길을 가시는 예수님을 묘사하고 있다. 예수님의 온유함은 특히 고난 속에서 드러났다. 십자가 그늘 밑에서 우리의 죄를 위해 죽임을 당하신 어린양으로서 예수님이 행하는 일 가운데는 우리가 그분의 모습을 감당하고 날마다 그분처럼 되는 것이 포함되어 있다. 우리는 예수님처럼 온유하고 겸손해질 수 있다.

온유함은 엄격하거나 혹독하거나 날카로운 일과는 아예 다르다.

그것은 우리보다 못한 이들을 동정하게 하는 성향을 가리킨다. 사역자들은 자기와 맞서는 이들을 온유함으로 교훈하고 잘못을 저지른 이들을 가르쳐서 돌이키게 해야 한다(갈 6:1, 딤후 2:25). 온유함은 윗사람들에 대한 성향을 표현하기도 한다. 우리는 "마음에 심어진 말씀을 온유함으로" 받아야 한다(약 1:21). 아내가 남편에게 복종해야 한다면 온유하고 정돈된 생각으로 그렇게 해야 한다. 그것이 하나님이 보시기에 큰 가치가 있다(벧전 3장). 성령의 열매 가운데 하나인 온유함은 동료 그리스도인들과의 일상적인 교제의 모든 상징이 되고, 우리가 만나는 모든 이들까지 대상이 되어야 한다(엡 4:2, 갈 5:22, 골 3:12, 딛 3:2). 성경은 온유함과 겸손을 함께 거론한다. 겸손이 다른 이들에게 온유함을 발휘하게 하는 내적 성향이기 때문이다.

영혼들을 사랑하고, 다른 이들의 구원을 위해 섬기며, 그리고 하나님의 뜻을 위해 열심을 지니고 있는 예수님의 제자들이 많이 눈에 띄지만 이것은 아직 부족하다. 이런 일은 그들이 예상하지 못한 공격을 받거나 상처를 입을 때 벌어진다. 집에서나 밖에서 흥분과 분노를 참지 못하고서 영혼의 온전한 안식을 잃어버렸다고 고백하게 된다. 어쩌면 이보다 더 간절하게 기도한 덕목도 없을지 모른다. 배우자와 자녀와 우리를 돕는 이들을 상대로, 그리고 사업을 진행하는 과정에서 늘 감정을 절제하고 예수님의 온유함과 상냥함을 보여줄 수 있다면 무엇이든 하고 싶어 한다. 그것을 갈망하면서도 온유함의 비밀을 발견하지 못한 이들이 겪는 실망과 좌절은 말로 다할 수 없을 정도이다.

일부는 온유함을 발휘하는 데 필수적인 자기조절이 불가능해서 — 이런 축복은 타고난 성품을 지닌 사람들에게만 해당되는 일이라서 — 그것을 기대하는 자신의 성격과는 전혀 어울리지 않는다고 스스로를 위로하기도 한다. 그리고 스스로의 만족을 위해 온갖 구실을 다 찾는다. "그렇게 무례하게 대할 생각은 없었습니다. 말이나 성격이 까칠해도 마음으로는 여전히 사랑합니다. 너무 상냥한 것도 문제입니다. 그 때문에 악이 조장될 수도 있기 때문입니다." 그렇게 해서 하나님의 어린양이 보여주신 거룩한 상냥함을 그대로 닮으라는 부름은 완전히 힘을 잃어버린다.

그리고 그리스도인들도 결국에는 다른 이들과 차이가 없다는 믿음이 세상에 더욱 굳게 자리 잡게 된다. 실제로 말은 하지만 예수님이 자신의 형상대로 마음과 삶을 변화시킨다는 것을 보여주지 못한다. 덕분에 영혼은 자신에게 상처를 입히고 그리스도의 교회에 말할 수 없는 해를 끼치게 된다. 하나님의 형상과 모습을 지니고 드러내는 이 놀라운 구원의 축복을 적용하는 데 충실하지 못했기 때문이다.

이 은총은 하나님이 아주 높게 평가하신다. 구약성경에는 온유한 이들에 대한 영광스러운 약속이 자주 등장한다. 예수님은 그것들(시 25:9, 76:9, 잠 3:34)을 묶어서 이렇게 말씀하셨다. "온유한 자는 복이 있나니 그들이 땅을 기업으로 받을 것임이요." 신약성경은 초자연적이고 비교할 수 없이 아름다운 우리 주님의 모습이 온유함 덕분이라고 찬양한다. 하나님은 온유한 영혼을 아주 높게 평가하신다. 온유함은 사랑스러운 아들의 훌륭한 장식이다. 아버지는 자녀들에게 무엇보다 온유함을 따르도록 권면하신다.

이런 정신을 소유하려고 하는 모든 사람에게 예수님은 위로와 격려를 가득 담아서 말씀하신다. "나는 마음이 온유하고 겸손하니 나의 멍에를 메고 내게 배우라." 그렇다면 주님의 온유한 성품을 배우는 일이 우리에게 어떤 유익이 될까? 주님의 온유함을 경험하면 그것이 내게 없다는 사실을 발견하고 고통이 훨씬 더 커지지 않을까? 우리가 예수님께 간구하는 기도는 우리가 어떻게 해야 온유해질 수 있는가 하는 것이다. 대답은 달라지지 않는다. "나는 마음이 온유하니 내게 배우라."

우리는 온유함과 예수님의 다른 은총을 우리가 실천하기에 앞서 자랑할 선물로 간주하는 위험에 처해 있다. 이것은 믿음의 길이 아니다. "모세는… 얼굴 피부에 광채가 나나 깨닫지 못하였더라"(출 34:29). 그는 하나님의 영광만 바라보았다. 온유함을 추구하는 영혼은 예수님의 온유함을 배워야 한다. 우리는 마음에 감동이 가득할 때까지 주님의 온유함을 바라보는 시간을 가져야 한다. 그분만이 온유하시다. 그분과 홀로 있을 때만 온유함을 접할 수 있다.

이 사실을 깨닫기 시작하면 이렇게 온유하신 분이 구세주이신 예수님이라는 진리를 마음에 새기게 된다. 예수님의 모든 모습, 예수님이 지니신 모든 것이 구속받은 사람들의 몫이다. 예수님의 온유함이 우리에게 전달되어야 한다. 그런데 그분은 무엇인가를 던지듯이 우리에게 나눠주시지 않는다. 그렇다. 오직 주님만이 온유하시다는 사실을 배워야 한다. 예수님이 우리 안에 들어오셔서 마음과 삶을 소유하실 때 비로소 우리는 온유함을 갖게 된다. 예수님의 온유함 덕분에 우리가 온유할 수 있게 되는 것이다.

우리는 예수님이 이 세상에 계실 때 제자들을 온유하고 겸손하게 하려고 노력하셨지만 크게 성공하지 못한 사실을 알고 있다. 그것은 주님이 새로운 생명을 얻기 전이고 부활을 통해서 성령님을 주실 수 없었기 때문이다. 하지만 이제는 가능한 일이다. 그 후로 예수님은 하나님의 능력을 갖고서 우리의 마음을 통치하시고, 원수를 모두 정복하시며, 우리 안에서 거룩한 삶을 지속하게 하신다. 예수님은 지상에 계실 때 눈으로 볼 수 있는 모범이셨다. 우리는 하늘로부터 주어지고, 또 예수님이 직접 우리 안에서 이루실 감추어진 생명이 무엇인지 확인할 수 있다.

"나는 마음이 온유하고 겸손하니 나의 멍에를 메고 내게 배우라"(마 11:29). 구속받은 이들이 감정을 억제하기 어렵다는 온갖 우울한 불평에 대한 우리 주님의 답변이 귓가에 쉬지 않고 맴돈다. 우리의 생명과 능력, 온유하고 겸손하신 예수님이 자신의 온유함을 전적으로 자신에게 속한 우리에게 나눠주시지 않을 이유가 있을까?

그러니 오직 믿음밖에는 없다. 예수님이 온유한 영으로 우리의 마음을 채울 수 있다고 믿어야 한다. 예수님이 직접 자신의 영을 통해서 애써도 해낼 수 없었던 일을 우리 안에서 감당하신다고 믿어야 한다. "보라. 네 왕이 네게 임하시나니 그는 공의로우시며 구원을 베푸시며 겸손하여서"(슥 9:9). 예수님을 맞아들이고 마음에 거하시게 하라. 주님 자신을 계시하시기를 기대하라. 모든 것이 여기에 달렸다. 예수님의 온유함과 겸손한 마음을 익히면 우리의 영혼은 안식을 누리게 될 것이다.

＊ ＊ ＊ ＊ ＊

귀하신 구세주여!

성령님의 능력으로 주님을 가까이하고 주님의 거룩한 온유함을 제 삶으로 삼게 허락하소서. 주님, 주님은 우리를 모든 죄에서 구원하시고 그 대신 주님의 놀라운 거룩함을 허락하시는 예수님이십니다. 주님, 저는 주님의 온유함을 주님이 직접 제게 주신 구원의 일부라고 생각합니다. 그것 없이 아무것도 할 수 없습니다. 그것을 갖지 않고 어떻게 주님을 영화롭게 할 수 있습니까?

온유하신 주님!

주님의 온유함을 배우겠습니다. 가르쳐주소서. 그리고 주님이 늘 저와 함께 있고, 저의 생명이 되어 늘 제 안에 계신다는 사실을 가르쳐주소서. 주님 안에 머물고, 제 안에 거하는 주님 덕분에 저는 온유하신 분을 모시고 도움을 받고 주님을 닮아갑니다. 온유하신 주님은 잠시 이 세상에 머물다가 하늘로 돌아가시지 않았습니다. 주님은 있을 곳을 찾아오셨습니다. 마음을 드리오니 오셔서 거하소서.

나의 구세주이며 보혜사여!

주님을 의지합니다. 주님은 자신의 온유함이 제 안에 거하게 하십니다. 주님의 거하심 덕분에 저는 주님의 형상을 닮아갑니다. 제가 주님을 기다리오니 오셔서 풍성하고 값없이 베푸는 은혜로 겸손한 왕이신 주님의 모습을 보여주시고, 저를 주님의 소유로 삼아주소서. 귀하고 온화하고 거룩하신 예수님, 제 마음의 복된 신랑이시여, 주님의 은밀한 공간에서 주님의 모습을 제게 보여주소서. 아멘.

호흡 같은 성령의
----------------------- 인도하심을 따라서

예수께서 성령의 충만함을 입어 요단강에서 돌아오사 광야에서
사십 일 동안 성령에게 이끌리시며. 누가복음 4:1.

오직 성령으로 충만함을 받으라. 에베소서 5:18.

무릇 하나님의 영으로 인도함을 받는 사람은 곧 하나님의 아들
이라. 로마서 8:14.

예수님은 태어나실 때부터 성령님이 그 안에 거하셨다. 하지만
예수님은 성령님을 통해서 아버지와 특별한 의사소통이 필요한
때도 있었다. 그래서 예수님이 세례를 받으실 때 그런 일이 이
루어진 것이다. 성령님이 예수님께 내려오신 것, 즉 물 세례와
함께 주어진 성령 세례는 진정한 소통이었다. 예수님은 성령으

로 충만하셨다. 요단강에서 성령이 충만해서 돌아오신 예수님은 어느 때보다 성령님의 인도하심을 더 확실하게 경험하셨다. 예수님은 광야에서 신적 능력이 아니라 성령님으로부터 능력을 받고 인도하심을 받은 사람으로서 씨름하셨고 정복하셨다. 이것은 "그가 범사에 형제들과 같이 되심이 마땅하도다"(히 2:17)라는 말씀과 동일했다.

이 진리를 뒤집어도 역시 같은 의미이다. 이것은 "형제들이 범사에 주와 같이 됨이 마땅하며 그들은 주님처럼 살도록 부름을 받았다. 그런 능력이 없다면 이런 요구도 불가능하며 이 능력은 우리 안에 머무는 성령님, 곧 우리가 하나님으로 모시는 분이다. 예수님이 성령이 충만해서 인도하심을 받은 것처럼 우리 역시 성령으로 충만해지고 인도하심을 받아야 마땅하다"는 것이다.

예수님의 성품의 상이한 특징들을 묵상하다 보면 그분을 닮는다는 것이 거의 불가능하다는 생각을 자주 하게 된다. 우리는 그런 삶을 거의 살지 못했다. 그렇게 살 수 없을 것 같은 느낌을 받는다. 하지만 용기를 가져야 한다. 예수님 자신도 성령님을 통해서 그렇게 살 수 있었다. 예수님은 성령으로 충만해지고 나서 성령님의 인도하심을 받아 갈등과 승리의 현장으로 가셨다. 그리고 이 축복은 예수님만큼이나 우리의 것이 되었다. 우리는 성령으로 충만해질 수 있다. 성령의 인도하심을 받을 수 있다.

예수님은 우리가 살아가는 방법에 대한 모범을 보여주시려고, 직접 성령 세례를 받고 자신을 닮도록 세례를 주시려고 하늘로 올라가셨다. 예수님을 닮고 싶은 사람은 바로 여기서 출발해야 한다. 성령 세례를 받아야 한다. 하나님은 자녀에게 요구하시기 전에 먼저 주신다. 하나님은 예수님의 경우처럼 성령 충만을 허락하셨기 때문에 예수님을 전적으로 닮도록 요구하신다. 그러므로 우리는 성령으로 충만해야 한다.

예수님을 본받고 닮아야 한다는 교훈을 그리스도의 교회에서 거의 확인할 수 없는 이유가 바로 여기에 있다. 사람들이 성령님의 역사를 크게 의지하지 않고 스스로의 능력을 활용하려고 하기 때문이다. 그들은 다름 아니라 성령 충만이 필요하다는 사실을 이해하지 못한다. 진정으로 예수님께 순종하는 삶을 기대할 수 없다고 생각하는 일도 당연하다. 성령 충만을 잘못 생각하기 때문이다. 성령 충만을 일부의 특권으로 생각하고 하나님의 모든 자녀의 소명이나 의무로 간주하지 않는 것이다. "오직 성령으로 충만함을 받으라"는 말씀이 모든 그리스도인에게 주어진 명령이라는 사실을 제대로 깨닫지 못한 것이다.

교회가 먼저 물 세례를 주고 예수님이 구세주로서 자신을 믿는 각 사람에게 성령 세례를 줄 때 비로소 예수님을 닮는 것을 추구하고 완성하게 된다. 그러면 우리는 예수님처럼 성령의 인도하심을 받으려면 성령 충만해야 한다는 사실을 이해하고 인정하게 될 것이다. 진정한 그리스도인, 즉 그리스도와 같은 삶을 사는 데 절대적으로 필요한 것이 바로 성령 충만이다.

거기에 도달하는 방법은 간단하다. 성령 세례를 주시는 분은 예수님이시다. 그것을 기대하면서 예수님께 나오는 사람은 얻게 된다. 예수님이 우리에게 원하시는 바는 예수님이 주시는 것을 받을 수 있도록 믿음으로 복종하는 일이다. 믿음의 복종 말이다.

예수님은 우리가 주님의 발자취를 간절히 따르고, 또 이것 때문에 성령 세례를 바라는지의 여부를 묻고 계신다. 우리는 조금도 망설임 없이 대답해야 한다. 그리고 주님의 사랑과 성령의 영광스러운 약속을 돌아보아야 한다. "이와 같이 너희도"라는 말씀은 복된 특권이다. 예수님도 범사에 자신을 닮는 문제를 놓고 기도하셨다는 사실을 기억하라. "내게 주신 영광을 내가 그들에게 주었사오니"(요 17:22).

우리는 예수님에 대한 사랑과 그분을 기쁘게 하려는 진정한 바람이 예수님처럼 되는 하늘의 특권임을 경시하지 않도록 어떻게 호소하는지 생각해야 한다. 예수님이 우리를 위해 피로 값을 치른 거룩한 소유권을 인정해야 한다. 그럴 때 그 어느 것도 이런 대답을 가로막지 못할 것이다. "사랑의 주님, 이 세상의 자녀들이 허락된 만큼 주님을 닮겠습니다. 저의 모든 것은 주님의 소유입니다. 범사에 주님의 형상을 지니는 것이 마땅하고, 또 그렇게 하겠습니다. 성령 충만을 간구하는 것도 바로 이 때문입니다."

믿음의 순종, 바로 이것을 우리 주님은 바라신다. 우리는 주님의 요구에 부응해야 한다. 범사에 예수님을 닮으려고 스스로를 내려놓고서 그분이 받아주실 것을 말없이 믿기만 하면 즉시 성령님이 은밀하게 우리 안에서 강력하게 역사하시기 시작할 것이다. 그것을 즉시 경험하지 못해도 믿어야 한다. 성령 충만을 받으려면 믿음을 갖고 우리 주님을 기다려야 한다. 우리가 알고 있는 것보다 주님은 더 많은 사랑을 베풀고 싶어 하신다는 사실을 의지해야 한다. 이렇게 확신하면서 스스로 복종해야 한다. 그리고 이런 믿음의 복종이 온전해야 한다.

예수님을 따르는 근본적인 법은 이것이다. "누구든지 제 목숨을 구원하고자 하면 잃을 것이요 누구든지 나를 위하여 제 목숨을 잃으면 찾으리라"(마 16:25). 성령님은 찾아오셔서 옛 습관을 가져가시는 대신에 예수님의 생명을 우리 안에 허락하셨다. 직접 일하고, 직접 지켜보는 옛 습관을 포기하고, 숨 쉬는 공기가 매 순간 우리의 삶을 새롭게 하듯이 성령님이 계속 자연스럽게 우리의 삶을 새롭게 하신다는 것을 믿어야 한다. 우리 안에서 진행되는 성령님의 역사는 끊어지거나 중단되지 않는다. 우리는 중요한 공기와 같은 성령님 안에 있고, 성령님은 생명의 호흡처럼 우리 안에 계신다. 하나님은 성령님을 통해 자신의 선한 뜻에 따라 생각하고 실천하도록 우리 안에서 역사하신다.

우리는 성령님이 내주하여 역사하시는 일에 크게 감사해야 한다. 성령님을 통해 우리 안에서 역사하셔서 매 순간 예수님의 삶과 형상을 따르게 하는 하나님의 능력을 믿어야 한다. 성령님이 아주 조용히 예수님을 우리에게 전하시는 자신의 사명을 잊지 않는다고 굳게 확신하고 예수님과 그분의 삶에 집중해야 한다. 그 삶은 동시에 우리의 모범이고 능력이 된다. 예수님 덕분에 성령 충만이 우리 몫이 된다는 사실을 기억해야 한다. 이것이 바로 우리가 믿음으로 받아서 소유한 진정한 선물이다. 존재를 느끼지 못해도 필요한 모든 일이 가능하다고 믿을 수 있다. 느낌이 확실하지 않고 두렵고 떨려도 성령님의 능력이 나타나면, 말하고 일하며 살아갈 수 있다. "내가 너희 가운데 거할 때에 약하고 두려워하고 심히 떨었노라. 내 말과 내 전도함이 설득력 있는 지혜의 말로 하지 아니하고 다만 성령의 나타나심과 능력으로 하여"(고전 2:3-4).

성령 충만이 우리의 것이라는 믿음을 갖고 살아라. 예수님을 바라보며 영적 삶이 보혜사 성령님의 손에 달려 있다는 사실을 믿으면서 날마다 즐거워하며 낙심하지 마라. 그럴 때 우리 안에 예수님이 임재하시면서 주님을 닮은 삶이 드러나게 된다. 그리스도 예수 안에 있는 생명의 영이 내주하시면서 예수님을 닮은 삶이 주변을 비추게 된다.

그리고 믿고 순종하는 우리의 바람이 성취되지 않는 것처럼 보여도 성령님의 충만한 능력이 나타나는 것은 그리스도의 지체와 교제하고 예수님을 섬기는 데 완전히 순종할 때 가능하다는 사실을 기억하라. 예수님이 주변 사람들과 충분한 교제를 나누고, 그들처럼 물로 세례를 받을 때 성령 세례를 받으셨다. 그리고 예수님이 두 번째 고난의 세례를 받고 우리를 위해 희생제물이 되셨을 때 우리에게 성령을 주실 수 있었다. 함께 기도하고 성령 세례를 믿는 하나님의 자녀들과 교제하라. 제자들은 단독이 아니라 한 장소에서 하나가 되었을 때 성령을 받았다. 영혼들을 돌보기 위해서는 주변에 있는 하나님의 자녀와 하나가 되어야 한다. 성령은 그 사역을 준비하도록 위로부터 임한 능력이다. 즐기기 위함이 아니라 사역 때문에 성령님을 바라면서 믿고 기대하는 종들에게 그 약속은 이루어진다.

예수님은 성령 충만하여 우리를 위해 일하고 살고 죽음을 맞을 수 있었다. 우리도 예수님처럼 사람들을 위해 살고 죽는 일에 헌신한다면 예수님처럼 성령 세례와 성령 충만을 소유하고 의지할 수 있게 된다.

＊ ＊ ＊ ＊ ＊

복된 주님!

주님은 우리가 주님의 모습을 계속해서 닮도록 성령님을 보내주셨습니다. 주님을 드러내고 우리 안에 진정한 임재를 허락하시는 것이 성령님의 일이라고 일러주셨습니다. 주님이 우리를 위해서 행한 모든 일과 우리가 주님에게서 보는 모든 삶과 거룩함과 능력을 가져다가 우리에게 나눠주시는 분은 성령님입니다. 성령님은 주님의 것을 가져다가 보여주시고 우리의 몫으로 삼게 하십니다.

복된 예수님!

성령님을 통해 선물을 주시니 감사합니다. 그리고 이제 간구합니다. 성령으로 충만하게, 충만하게 하소서. 주님, 다른 것으로는 만족하지 않게 하소서. 주님처럼 성령으로 충만하지 않으면 주님처럼 인도받을 수 없고, 주님처럼 싸워서 정복할 수 없으며, 주님처럼 사랑하고 섬길 수 없고, 주님처럼 살고 죽을 수 없습니다. 주님의 이름을 찬양합니다. 주님이 명하고 약속하셨으니 분명히 그대로 이루어질 것입니다.

거룩한 구세주여!

주님의 제자들이 모두 이것을 기다리고 간구하게 하소서. 눈을 떠서 성령을 넘치게 주신다는 놀라운 약속을 바라보게 하소서. 주님처럼 사람들을 위해 살고 죽는 데 헌신하려는 마음을 갖게 하소서. 그리고 주님은 성령님과 불로 세례를 주시는 직분을 감당하는 것을 기뻐하십니다. 주님의 이름이 영광을 받으소서. 아멘.

03

하나님의 은혜로
말미암아 살며

살아 계신 아버지께서 나를 보내시매 내가 아버지로 말미암아
사는 것같이 나를 먹는 그 사람도 나로 말미암아 살리라. 요한
복음 6:57.

예수님의 발자취와 그분의 형상을 따르는 일을 묵상할 때마다
스승과 제자 간의 깊고 생생한 연합에 집중해야 할 필요성이 새
롭게 드러난다. '예수님처럼'이라는 말씀을 묵상하면 할수록
'예수님 안에서'라는 또 다른 말씀 없이는 그것이 불가능하다는
사실을 깨닫게 된다. 강력하게 내적으로 연합할 때 닮았다는 점
이 외적으로 드러나게 된다. 예수님과 동일한 사역을 감당하려
면 동일한 삶을 살아야 한다. 예수님을 모범으로 삼고 진지하게

따르면 따를수록 그분을 나의 머리로 모시게 된다. 본질적으로 예수님과 같은 내적 생명만이 그분처럼 눈으로 볼 수 있는 삶을 살게 한다.

예수님의 지상에서의 삶과 우리의 삶이 서로 닮았다는 것을 확신하게 하는 이 말씀이 얼마나 큰 축복인지 모른다. "살아 계신 아버지께서 나를 보내시매 내가 아버지로 말미암아 사는 것 같이 나를 먹는 그 사람도 나로 말미암아 살리라." 예수님 안에 있는 삶, 즉 주님이 우리에게 어떤 분이고 우리 안에서 어떻게 역사하시는지 알고 싶다면, 예수님께 아버지가 어떤 분이고 예수님 안에서 어떻게 일하시는지 묵상하기만 하면 된다. 하나님 안에서, 그로 말미암아 가능했던 예수님의 삶은 아들 안에서, 그로 말미암아 사는 우리의 삶에 대한 형상이고 기준이다. 이것을 자세히 살펴볼 필요가 있다.

예수님의 삶이 하늘에 계신 하나님 안에 감춰져 있던 것처럼 우리도 마찬가지다. 예수님은 신적 영광을 스스로 포기하면서 신적 속성을 자유롭게 행사하는 일까지 함께 내려놓으셨다. 그렇게 해서 인간이 되신 예수님은 믿음으로 살아가셔야 했다. 하나님이 지혜와 능력을 나눠주시고 싶어서 그것을 실행하실 때까지 기다려야 했다. 전적으로 하나님만 의지하셔야 했다. 예수님의 삶은 하나님 안에 숨겨져 있었다. 독립적인 신격이 아니라 성령님을 의지하면서 하나님이 때때로 가르쳐주시는 것을 말하고 행하셔야 했다.

우리의 삶은 하나님 안에 예수님과 함께 숨겨두어야 한다. 이 것을 통해서 용기를 얻는다. 예수님은 믿음과 의존의 삶으로 우리를 초대하신다. 예수님이 직접 그런 삶을 사셨기 때문이다. 실행했을 뿐 아니라 그에 따르는 축복을 보여주셨다. 이제 예수님은 우리 안에서 자신의 삶을 다시 한 번 살면서 그대로 따르도록 가르치고 싶어 하신다. 예수님은 하나님이 자신의 생명이시며, 하나님 때문에 사셨고, 하나님이 매 순간 필요한 것을 공급하셨다는 사실을 잘 알고 계셨다. 그리고 이제는 예수님 자신이 하나님 때문에 사셨던 것처럼 우리도 하나님 덕분에 살 수 있다는 확신을 갖게 하신다.

우리는 믿음을 갖고 이것을 확신해야 한다. 이렇게 충만한 생명의 축복이 예수님 안에서 우리를 위해 준비되었고, 필요할 때 풍성하게 공급된다는 믿음으로 마음을 가득 채워야 한다. 영적인 삶에 관심을 갖고 염려하면서 지켜보고 양육해야 할 것으로 생각해서는 안 된다. 스스로의 능력이 아니라 예수님이 하나님을 통해 사셨던 것처럼 예수님 안에서 그렇게 할 수 있다는 것을 매일 즐거워해야 한다.

예수님의 삶은 비록 의존적이었지만 신적 능력을 발휘하는 삶이었다. 우리 역시 마찬가지다. 예수님은 영광을 내려놓고 이 땅에서 인간이 되어 하나님 앞에서 사는 삶을 전혀 후회하지 않으셨다. 하나님은 예수님의 확신을 한번도 실망시키지 않았을 뿐 아니라 사역에 필요한 모든 것을 허락하셨다. 예수님은 하늘에서 하나님처럼 지내시고 신적 완전을 누리며 거하시는 것이 축복이지만, 지상에서 전적으로 하나님을 의지하고 하나님으로부터 모든 것을 받으면서 하루하루를 살아가는 것 역시 그에 못지않다는 사실을 경험하셨다.

우리 그리스도인의 삶도 이와 같다. 예수님의 신적 능력이 우리 안에서 우리를 통해 역사할 것이다. 이 세상의 환경이 하나님께 영광을 돌리는 거룩한 삶을 불가능하게 하면 안 된다. 예수님이 하나님 덕분에 이 세상에서 축복을 누리며 살았던 것처럼 우리도 하나님을 의지하면서 살아갈 수 있다. 예수님이 우리를 위해서 앞으로 하실 일을 더 크게 기대해야 한다. 오직 예수님과의 연합만 바라야 한다. 예수님이 하나님을 통해서 사셨듯이 진정으로 그렇게 살려고 하는 영혼을 위해 예수님이 행하실 일을 거론하는 것은 불가능하다. 예수님이 하나님을 통해서 사셨고, 하나님이 그 삶을 모두 영광스럽게 하셨듯이 우리는 무슨 일을 하든지 예수님이 어떻게 맡아서 처리하시는지 경험하게 될 것이다.

예수님은 하나님과 진정한 연합을 드러내는 삶을 사셨다. 우리의 삶도 역시 마찬가지다. 예수님은 이렇게 말씀하셨다. "살아 계신 아버지께서 나를 보내시매 내가 아버지로 말미암아 사는 것같이"(요 6:57). 아버지께서 이 세상에서 사랑으로 자신을 드러내시려고 할 때 자신과 하나인 사랑하는 아들에게 그 일을 맡기셨다. 하나님이 예수님을 보내신 것은 아들이었기 때문이다. 아버지께서 보내셨으니 아들의 삶을 돌보는 것은 전부 아버지의 몫이었다. 예수님이 하나님으로 말미암아 이 세상에서 생활하셨다는 복된 사실은 그런 연합에 근거한 것이다.

예수님이 말씀하셨다. "내가 아버지로 말미암아 사는 것같이 나를 먹는 그 사람도 나로 말미암아 살리라." 그리고 바로 앞에서는 이렇게 말씀하셨다. "내 살을 먹고 내 피를 마시는 자는 내 안에 거하고 나도 그의 안에 거하나니"(요 6:56). 예수님은 세상이 생명을 얻을 수 있게 자신의 살과 피를 주셨다. 우리는 믿음을 통해서 그분의 죽음과 부활이 발휘하는 능력에 참여하고, 그분의 생명에 대한 권리를 받게 된다. 예수님이 하나님의 생명에 대한 권리를 갖는 것처럼 말이다. "내 살을 먹고 내 피를 마시는 자는"이라는 말씀에는 예수님과의 친숙한 연합과 불변의 교제가 포함되어 있다. 그것이 예수님 안에 있는 생명의 능력이다. 오직 예수님을 통해서 살고 싶어 하는 영혼이 해야 할 일 한 가지는 날마다 그분을 먹고 자기 것으로 삼는 일이다.

이것을 실행하려면 예수님의 모든 충만한 삶이 진정으로 우리의 몫이라는 사실을 분명히 확신하는 마음을 가지려고 계속해서 노력해야 한다. 하늘에 계신 예수님, 그리고 우리의 머리가 되시는 주님의 하늘의 생명을 성령님을 통해 훼방받지 않고 꾸준히 전달되도록 공급하셨다는 사실을 즐겁게 묵상해야 한다. 예수님이 하나님의 생명으로 길을 열어놓은 구속과 지금 아들 안에서 놀라운 생명을 허락하신 것에 대해서 하나님께 감사해야 한다. 열린 마음과 구별된 삶으로 자신을 부단히 주님께 바치면서 그분의 돌봄만을 기대해야 한다. 그런 신뢰와 구별된 믿음 속에서 내주하시는 주님의 말씀을 근거로 사랑을 쏟고 교제를 다지면서 예수님을 매일의 양식으로 삼아야 한다. "내가 아버지로 말미암아 사는 것같이 나를 먹는 그 사람도 나로 말미암아 살리라."

우리는 당연히 그렇게 생각해야 한다. 그런 약속에 비추어보면 예수님을 본받는 삶이 가능한 일처럼 보인다. 예수님으로 말미암아 사는 사람은 역시 그분처럼 살 수 있다. 그러니 하나님 때문에 지상에서 이렇게 놀라운 삶을 사신 예수님을 묵상의 대상으로 삼으라. "나를 먹는 그 사람도 나로 말미암아 살리라"는 말씀을 완전히 이해하고 받아들일 때까지 말이다. 그렇게 하면 우리의 근심과 걱정은 모두 사라지게 된다. 우리의 모범 되시는 예수님이 그것을 유지하려고 하늘로부터 우리 안에서 역사하시기 때문이다. 그러면 우리의 삶은 계속해서 이렇게 노래하게 될 것이다. "자신처럼 살도록 우리 안에 거하시는 예수님을 진정으로 사랑하고 찬양합니다. 아멘."

* * * * *

놀라운 은혜의 하나님!

이 놀라운 은혜를 어떻게 감사하지 않을 수 있겠습니까? 하나님의 아들이 인간이 되어 아버지를 의지하는 삶이 축복이라고 가르쳐주셨습니다. 아들은 아버지로 말미암아 살았습니다. 예수님 덕분에 신적 생명이 지상에서 살고 일하며 정복하는 과정을 보았습니다. 그리고 이제는 하늘로 올라가셔서 그 생명이 우리 안에 역사하시게 하는 모든 능력을 지니고 계십니다. 우리는 그분이 이 세상에서 행하신 것처럼 살도록 부름을 받았습니다. 우리는 그로 말미암아 살아갑니다. 하나님, 이런 말로 다할 수 없는 은혜를 허락하신 하나님의 이름을 찬양합니다.

주 나의 하나님이시여!

지금 저의 기도를 들어주소서. 가능하다면 아버지로 말미암아 살았던 예수님의 모습을 더 많이, 훨씬 더 많이 보여주소서. 나의 하나님, 예수님처럼 살려면 예수님을 알아야 합니다. 예수님을 알 수 있는 지혜의 영을 허락하소서. 그러면 예수님께 기대할 것과 그분으로 말미암아 할 수 있는 일을 알게 될 것입니다. 마침내 하나님의 뜻과 예수님이 보여주신 모범을 따르는 삶을 살려고 달리 노력하거나 수고할 필요가 없게 됩니다. "내가 아버지로 말미암아 사는 것같이 나를 먹는 그 사람도 나로 말미암아 살리라"는 말씀처럼 이 세상에서의 예수님의 복된 삶이 이제 제 몫이 되었음을 알기 때문입니다. 그러니 날마다 즐겁게 예수님을 양식으로 삼으면서 그로 말미암아 살아가겠습니다. 나의 아버지, 예수님의 이름으로 비오니 이런 축복을 한없이 베풀어주소서. 아멘.

거룩함으로 하나님의
영광을 위해

그가 나타나시면 우리가 그와 같을 줄을 아는 것은 그의 참모
습 그대로 볼 것이기 때문이니 주를 향하여 이 소망을 가진 자
마다 그의 깨끗하심과 같이 자기를 깨끗하게 하느니라. 요한일
서 3:2-3.

내 아버지께서 나라를 내게 맡기신 것같이 나도 너희에게 맡겨.
누가복음 22:29.

하나님의 영광은 그분의 거룩함이다. 하나님을 영화롭게 하는
일은 우리 자신을 포기하고 하나님이 우리 안에서 스스로의 영
광을 드러내게 하는 것이다. 하나님의 영광이 우리로부터 퍼져
나가는 일은 거룩해지려고 스스로를 내려놓고 하나님의 거룩함

으로 삶을 채울 때 가능하다. 예수님의 사역 가운데 하나는 아버지를 영화롭게 하고 영화롭고 거룩하신 하나님을 드러내는 일이었다. 예수님처럼 우리가 해야 할 일은 순종과 증거의 삶을 통해서 우리 하나님을 거룩하고 영광스러운 분으로 소개하고 하늘과 땅에서 영화롭게 하는 것이다.

예수님이 이 세상에서 아버지를 영화롭게 하자, 아버지는 하늘에서 아들을 자신과 함께 영화롭게 하셨다. 이것은 아들에게 당연한 보상이었을 뿐 아니라 문제의 성격상 마땅한 일이었다. 예수님처럼 하나님의 영광에 헌신한 삶의 경우에 영광 이외에는 달리 여지가 없었다. 이 법칙은 우리에게도 역시 효력을 발휘한다. 하나님의 영광을 갈망하고 목말라하는 마음은 그것을 위해 살고 죽을 준비가 되어 있어서 영광스러운 삶을 살기에 적합해진다. 이 세상에서 하나님의 영광을 위해 사는 것은 하늘에서 하나님의 영광 속에 사는 삶으로 들어가는 문이다. 예수님과 함께 우리가 하나님을 영화롭게 하면 하나님 역시 예수님과 함께 우리를 영화롭게 하실 것이다. 우리는 하나님의 영광 안에서 예수님처럼 될 것이다. 우리는 영적인 영광, 거룩함의 영광 속에서 예수님처럼 될 것이다.

두 개의 낱말이 결합된 성령님의 이름(Holy Spirit)에서 거룩한 것과 영적인 것이 서로 긴밀하게 연계되어 있음을 확인할 수 있다. 예수님이 인간으로서 직접 자신을 계시하고 존중하고 거룩하게 함으로써 하나님을 영화롭게 하셨을 때 주님은 인간으로서 신적 영광에 들어가서 참여하게 되었다. 그래서 우리도 같은 일을 겪게 된다. 여기 이곳에서 하나님의 영광이 소유하도록 우리를 바치면, 그리고 하나님의 거룩함과 성령님이 우리 안에 머물면서 빛을 발하기만 하면 하나님의 형상대로 창조된 인간의 본성은 지니고 있는 모든 능력과 더불어서 순결함과 거룩함, 생명과 아주 밝은 하나님의 영광을 상상할 수 없는 방식으로 경험하게 된다.

우리는 영광스러운 몸을 가지신 예수님처럼 될 것이다. 구체화는 하나님이 마지막으로 사용하시는 방법이라는 말이 있다. 인간의 창조는 하나님의 창조 가운데 절정이었다. 그전에는 육체가 없는 영혼이나 영혼이 없는 육체가 있었다. 하지만 인간에게는 육체를 거룩한 정결함과 완전함으로 이끌어 올리고 영적으로 만들 수 있는 몸과 영혼이 있어야 했다. 인간 전체가 하나님의 형상이고, 인간은 영혼이면서 육체이다. 예수님 안에서 인간의 몸은 하나님의 보좌에 위치하고, 신적 영광의 동반자로서의 가치를 갖게 된다. 이것은 신비 중에 신비이다.

우리의 몸은 신적으로 변화시키는 능력의 더할 나위 없이 대단한 기적의 대상이 될 것이다. "그는 만물을 자기에게 복종하게 하실 수 있는 자의 역사로 우리의 낮은 몸을 자기 영광의 몸의 형체와 같이 변하게 하시리라"(빌 3:21). 예수님의 영광스러운 몸처럼 변화시키는 하나님의 영광이 우리 몸에서 드러나는 것은 우리 영혼의 경우보다 더 대단한 일이다. 우리는 "양자 될 것 곧 우리 몸의 속량을"(롬 8:23) 기다리고 있어야 한다.

모든 대상마다 나타나는 영광에 어울리는 자리가 있다. 예수님의 자리는 우주의 중심, 하나님의 보좌이다. 우리 주 예수님은 제자들에게 말씀하셨다. "나 있는 곳에 나를 섬기는 자도 거기 있으리니 사람이 나를 섬기면 내 아버지께서 그를 귀히 여기시리라"(요 12:26). "내 아버지께서 나라를 내게 맡기신 것같이 나도 너희에게 맡겨 너희로 내 나라에 있어 내 상에서 먹고 마시며 또는 보좌에 앉아 이스라엘 열두 지파를 다스리게 하려 하노라"(눅 22:29-30).

두아디라교회에는 이렇게 말씀하셨다. "이기는 자와 끝까지 내 일을 지키는 그에게 만국을 다스리는 권세를 주리니. …나도 내 아버지께 받은 것이 그러하니라"(계 2:26-27). 그리고 라오디게아교회에게 말씀하셨다. "이기는 그에게는 내가 내 보좌에 함께 앉게 하여 주기를 내가 이기고 아버지 보좌에 함께 앉은 것과 같이 하리라"(계 3:21). 이 말씀보다 더 높고 가까운 말씀은 있을 수 없다. "우리가 흙에 속한 자의 형상을 입은 것같이 또한 하늘에 속한 이의 형상을 입으리라"(고전 15:49). 그 형상은 완벽하고 온전할 것이다.

하나님께서 이처럼 미래를 잠깐 보게 하셔서 위대한 창조의 순간에 "우리의 형상을 따라 우리의 모양대로 우리가 사람을 만들고"(창 1:26)라고 말씀하신 내용에는 얼마나 놀라운 진리와 신적 의미가 포함되어 있는지 알려주셨다. 눈에 보이지 않는 분을 드러내고, 신적 본성의 참여자가 되며, 하나님과 함께 우주를 다스리는 것이 인간의 본분이다. 인간의 자리는 말로 다할 수 없는 영광스러운 자리이다. 두 개의 영원, 즉 우리가 맏아들의 형상으로 변화되도록 예정된 영원한 목적과 우리가 영광스러운 그분처럼 되는 그 목적의 영원한 실현 사이에 서 있는 우리의 귀에는 사방에서 이런 소리가 들려온다. "하나님과 예수님의 영광을 함께할 하나님의 형상을 가진 이들이여! 예수님처럼 삶을 살아라!"

옛날 시편 기자는 여호와 하나님을 이렇게 찬양했다. "나는 의로운 중에 주의 얼굴을 뵈오리니 깰 때에 주의 형상으로 만족하리이다"(시 17:15). 하나님의 형상 이외에는 영혼을 만족시킬 수 없다. 그것을 위해서 창조되었기 때문이다. 그리고 이것은 외적인 것이라서 보기만 할 뿐 소유할 수 있는 것이 아니다. 우리는 그 형상에 참여할 때 만족을 누리게 된다. 채울 수 없는 주림 때문에 그것을 갈급해하는 이들은 복되다. 만족을 누릴 것이기 때문이다. 바로 이 하나님의 형상은 하나님으로부터 갈급해하는 이들에게서 직접 흘러나오고, 그들의 존재 전체로부터 흘러나오며, 우주를 거쳐서 그들을 통해 흘러나오는 영광이다.

"우리 생명이신 그리스도께서 나타나실 그때에 너희도 그와 함께 영광 중에 나타나리라"(골 3:4).

여기 이 세상에 실제로 존재하지 않는 것은 그날에 역시 나타날 수 없다. 하나님의 영광이 이곳에서의 삶에서 우리의 몫이 되지 않으면 이후로도 그럴 수 없다. 그것은 불가능하다. 여기서 하나님을 영화롭게 하는 사람만이 나중에도 하나님을 영화롭게 할 수 있다. "사람은 하나님의 형상이고 영광이다!" 여기서 하나님의 형상을 간직하면 하나님의 영광의 광채이며, 분명한 모습인 예수님의 형상을 유지하고 살아가면 다가올 영광을 누리게 된다. 우리가 하늘에 계신 분, 즉 영광스러운 예수님의 모습이 되려면 일차적으로 지상에 있는 분, 즉 비천한 예수님의 모습을 간직해야 한다.

예수님은 창조되지 않은 하나님의 형상이시다. 인간은 창조된 하나님의 형상이다. 영광의 보좌에서 이 둘은 영원히 하나가 될 것이다. 우리는 예수님이 우리를 그 형상을 소유한 존재로 회복시키기 위해 무엇을 행하셨고, 어떻게 가까이 이끄셨으며, 어떻게 모든 것을 희생하셨는지 잘 알고 있다. 우리는 이 놀라운 사랑과 헤아릴 수 없는 영광을 위해 스스로를 포기하고 예수님의 형상과 영광이 나타나도록 우리의 생명을 바쳐야 한다. 예수님처럼 하나님의 영광을 우리의 목표와 희망으로 삼고, 여기서 하나님의 영광을 위해 살면서 저 세상에서 하나님의 영광을 누리며 살 수 있는 방법으로 삼아야 한다.

예수님의 영광과 우리의 영광이 함께 기원을 두고 있는 것은 하나님의 영광이다. 하나님이 예수님에게 하신 것처럼 우리에게도 하시고, 하나님의 영광이 예수님의 몫이 되었듯이 우리에게 그렇게 되도록 해야 한다. 예수님의 삶이 지닌 모든 특징은 이것을 중심으로 한 곳으로 모아진다. 예수님은 아들이셨다. 예수님은 아들로 사셨고 하나님은 아버지가 되셨다. 예수님은 아들로서 아버지의 영광을 찾았고 아들로서 그것을 찾아내셨다. 우리는 아들의 모습을 따라야 한다. 아버지는 우리 삶의 전부이다. 그리고 아버지의 영광은 우리의 영원한 집이다.

우리는 지금껏 나와 함께 우리 주님의 형상과 그 형상이 반영되어야 하는 예수님과 같은 삶을 묵상했다. 이제는 작별할 시간이 되었다. 작별을 기념하는 말씀이다. "사랑하는 자들아 우리가 지금은 하나님의 자녀라. 장래에 어떻게 될지는 아직 나타나지 아니하였으나 그가 나타나시면 우리가 그와 같을 줄을 아는 것은 그의 참모습 그대로 볼 것이기 때문이니 주를 향하여 이 소망을 가진 자마다 그의 깨끗하심과 같이 자기를 깨끗하게 하느니라"(요일 3:2-3). '예수님처럼' 이것이 우리 삶의 한 가지 목적이 되고, 우리 삶의 한 가지 바람이 되며, 우리 삶의 한 가지 즐거움이 되도록 기도하라. 세상 끝날 우리가 영광스럽게 만나면, 예수님의 모습을 보면, 그리고 예수님을 닮은 우리를 함께 보면 얼마나 좋겠는가!

* * * * *

항상 복되신 나의 하나님!

하나님의 형상인 예수님의 영광스러운 복음을 허락하시고, 하나님의 영광스러운 빛으로 그 안에 있는 우리를 비춰주시니 어찌 감사하지 않을 수 있습니까! 그리고 예수님 안에서 하나님은 물론, 우리의 영광스러운 모습과 영원히 하나님과 더불어서 함께할 것을 보장해주시니 어찌 감사하지 않을 수 있습니까!

지극히 영화로우신 하나님!

우리가 이것을 제대로 믿지 못하고, 이것을 제대로 알지 못한 죄를 예수님의 피로써 용서하소서. 그리고 하나님께 간구하오니 이 묵상을 통해 함께 교제한 모든 이에게 영원히 살게 될, 그리고 지금도 살고 있는 영광을 보여주셔서 하나님을 영화롭게 하소서.

은혜가 충만하신 나의 아버지!

우리를 깨우셔서 모든 자녀가 우리를 위한 하나님의 목적을 보고 느끼게 하소서. 진정으로 우리는 하나님의 영광 속에서 영원히 있을 것입니다. 하나님의 영광이 우리 주변과 우리 위와 우리 안에 있을 것입니다. 우리는 영광 속에서 하나님의 아들처럼 될 것입니다.

완전하신 사랑의 아버지!

간구하오니 지금 우리를 찾아오소서. 영광의 영인 성령님이 우리 안에서 강력하게 역사하게 하소서. 그리고 하나님의 영광이 우리의 삶에 달려 있다는 사실을 알게 하셔서 이것을 하나의 바람, 하나의 표지로 삼게 하소서. 우리 아버지, 예수님을 위하여 이 모두를 허락하소서. 아멘.

우리의 형상을 따라 우리의 모양대로 우리가 사람을 만들고 그
들로 바다의 물고기와 하늘의 새와 가축과 온 땅과 땅에 기는
모든 것을 다스리게 하자. 창세기 1:26.

창조에 관한 논의와 인간의 역사를 소개하는 이 성경 본문에서
인간이 존재하는 영원한 목적, 즉 인간을 규정하는 영광스럽고
영원한 미래를 접하게 된다. 하나님은 하나님을 닮은 피조물,
하나님의 형상을 하고 있는 비슷한 존재, 눈으로 볼 수 없는 분
의 영광을 가시적으로 구현한 존재를 만들자고 제안하셨다.

즉시 창조되었지만 하나님처럼 생긴 존재를 창조하시는 일은
사실 무한한 지혜가 필요하셨다. 하나님이 절대적으로 다른 모
든 것과 무관하고, 스스로 삶을 유지하며, 존재하기 위해서 자
신 이외에는 전혀 필요로 하지 않는 것은 하나님의 본성이자 영

광이다. 인간이 하나님을 닮으려면 이처럼 그분의 형상을 간직해야 한다. 자유로운 선택에 의해서 마땅히 되어야 할 존재가 되어야 하는 것이다.

우리는 직접 선택해야 한다. 의존적이 되고, 모든 것을 복된 창조주께 의지하는 일은 인간의 본성이고 영광이다. 의존적이면서도 자기의 결정이 필요하고, 창조되었으면서도 하나님을 닮은 존재라고 하는 이 모순을 어떻게 해소할 수 있을까? 사람 안에서 그 신비는 해결되었다. 하나님은 인간에게 생명을 허락하시면서 자유의지라는 놀라운 능력을 함께 부여하셨다. 하나님의 형상처럼 높고 거룩한 것이 실제로 인간의 몫이 될 수 있는 것은 개인적이고 자발적인 행위를 통해서만 가능할 뿐이다.

죄가 들어오고 인간이 고귀한 본분에서 멀어질 때도 하나님은 그 목적을 포기하지 않으셨다. 이스라엘을 상대로 계시하신 내용 가운데 핵심은 이것이었다. "내가 거룩하니 너희도 몸을 구별하여 거룩하게 하고"(레 11:44). 하나님을 닮는 것은 그분의 더할 나위 없는 완전함의 일부라서 이스라엘이 소망으로 삼아야 했다. 구속은 창조의 순간에 계시된 것보다 소중한 개념은 아니었다. 그것은 영원한 목적을 받아들여서 수행한 것에 불과했다.

아버지께서 자신의 형상을 드러낸 아들을 세상에 보내신 것은 이 일을 염두에 두신 것이었다. 그분을 통해서 우리가 창조되었고, 우리가 개인적으로 우리의 것으로 삼아야 하는 하나님의 형상이 인간의 형태로 계시되었다. 주님은 하나님의 형상과 우리 자신의 모습을 보여주러 오셨다. 주님을 바라보면 우리가 오랫동안 잃어버린 하나님의 형상에 대한 갈망이 되살아난다. 그 형상대로 새로워지도록 자신을 포기할 수 있는 용기를 갖게 하는 희망과 믿음이 생겨난다.

이것을 위해서 예수님은 이중적인 사역을 담당하셨다. 하나는 삶 속에서 하나님의 형상을 드러냄으로써 그것을 따르는 삶이 얼마나 대단한지 알려주시고, 주님을 우리의 구속자로 기대하고 받아들이는 삶이 어떤 것인지 이해시키는 일이었다. 예수님은 이것을 실천하고 인간의 몸으로 하나님의 생명의 형상을 보여주고 죽음으로써 우리를 사로잡아서 자신의 생명을 하나님의 형상의 생명으로 나눠주시고, 그 능력으로 우리가 그분 안에서 목격한 형상대로 살 수 있게 하셨다. 그리고 하늘에 올라가셨는데, 그것은 처음에 우리에게 제시하고 나서 나눠주려고 노력하셨던 생명의 능력을 성령님을 통해서 주시기 위함이었다.

우리의 모범이신 주님이 삶을 통해 계시하신 것을 위해 구속자이신 그분은 죽음의 대가를 치르시고 능력을 확보하셨다. 세상에서의 삶은 그 길을 보여주셨다. 주님의 거룩한 삶은 우리가 행할 수 있는 능력이 된다. 하나님이 함께 엮어놓으신 것을 인간이 나누지 못한다. 구속을 온전히 믿지 못하면 그 모범을 좇을 능력을 가질 수 없다. 그리고 그 모습을 구속의 위대한 목적으로 삼고 순종하지 않으면 능력을 제대로 발휘할 수도 없다. 예수님이 지상에서 사신 것은 삶 속에서 하나님의 형상을 보여주시기 위함이었다. 하늘에 계신 주님은 우리가 삶 속에서 하나님의 형상을 드러내게 하신다.

그러기에 우리는 예수님의 삶이 진정으로 자신의 삶의 규칙이고, 주님이 보여주신 모범을 완벽하게 따르는 삶을 하나님이 기대하신다고 생각해야 한다. 하늘에서 비추는 태양과 여기 지상의 주택에서 비추는 조명은 서로 어느 정도 차이가 있다. 그럼에도 불구하고 빛은 성격상 동일하고, 등은 작은 공간에서 태양 같은 구실을 한다. 교회의 양심은 예수님의 겸손과 자기부인, 즉 하나님의 사역과 뜻에 대한 전적 헌신과 준비된 순종, 그리고 자기희생의 사랑과 부드러운 자비가 바로 성도들이 추구해야 할 특권일 뿐 아니라 소박한 의무로 간주하는 것과 다를바 없다는 점을 익히지 않으면 안 된다. 대부분이 생각하듯 그리스도와 그분께 속한 사람들에게 적용되는 기준은 다르지 않다. 포도나무의 가지이고 몸의 지체, 그리고 동일한 영을 함께 나눈 우리는 맏형의 형상을 유지해야 한다.

그리스도인들 가운데 이렇게 예수님을 따르는 것이 아주 드문 대표적인 이유는 우리의 나약함에 대한 그릇된 견해와 신적 은총이 우리 안에서 역사하기를 기대하는 것에서 분명히 확인할 수 있다. 사람들은 죄의 능력을 아주 강력하게 인정하면서도 은총의 능력은 그렇지 않아서 예수님처럼 사랑하고 용서하며 하나님의 영광에 헌신하겠다는 생각을 곧장 포기해버린다. 그들은 그것이 한계를 벗어난 이상적인 것, 즉 아름답지만 결코 실현될 수 없는 일로 간주한다. 그들은 성질을 죽이고 전적으로 하나님을 위해서 살려고 진지하게 노력하지 못하는 점을 그런 일이 불가능한 증거로 제시한다.

그와 같은 불신을 극복할 수 있는 방법은 우리의 모범 되시는 예수님을 아주 충만하고 영광스러운 이 복된 진리 안에서 계속해서 전하는 것이다. 우리는 "하나님은 심지 않고는 거두시지 않는다는 것과 열매와 뿌리는 완벽하게 조화를 유지한다"는 사실을 배워야 한다. 하나님은 우리가 예수님을 닮기 위해 노력하고 생각하며 행동하기를 바라신다. 우리 안에 있는 생명은 주님 안에 있는 그것과 정확하게 일치하기 때문이다. 우리는 그분과 같은 생명을 우리 안에 지니고 있다. 외적인 삶이 주님의 그것을 닮는 삶보다 자연스러운 일이 또 있을까? 우리 안에 거하시는 예수님은 우리를 통해서 세상이 볼 수 있도록 빛을 발하는 예수님의 행동과 말씀의 뿌리이고 능력이다.

여기서 우리가 예수님을 닮은 삶이 되기 위해서는 예수님의 삶처럼 우리의 삶을 하나님 안에 감추고, 예수님처럼 하나님과의 교제를 지속하며, 그리고 예수님의 삶을 닮으려는 의지를 드러내면서 하나님을 위한 삶을 사는 것이다. 우리가 진리를 이해하기 시작하는 순간, 예수님 때문에 하나님 안에서 누리는 삶이 실제로 예수님을 닮고, 예수님처럼 하나님과 교제하는 삶을 유지하여 능력을 얻으며, 예수님처럼 그런 삶을 뒤따르는 열매를 맺게 된다. 예수님의 제자라는 이름과 예수님을 본받는 것은 고백이 아니라 현실이다. 우리는 아버지께서 아들을 사랑하신 것처럼 우리를 진정으로 사랑하신다는 사실을 알게 된다.

감히 나는 이 글을 읽는 모든 그리스도인과 목회자들에게 묻고 싶다. 이론적으로나 실제적으로 교회에서 그리스도를 신적 모범과 모형, 즉 그분만을 우리가 창조된 하나님의 형상으로 회복시킬 수 있는 모습으로 제대로 제시했는지의 여부를 말이다. 이에 대한 대답은 이렇다. 교회에서 가르치는 이들이 어떤 사실에 대한 영원한 근거, 완벽하고 건전한 발전을 가능하게 하는 본질적인 의미, 그리고 하나님이 준비하신 놀라운 구원을 제대로 누리게 하는 나눔을 확실하게 의식하면 할수록 하나님께 속한 사람들로 하여금 높은 특권과 거룩한 실천을 가능하게 하는 영광스러운 삶을 소유하도록 더 잘 인도할 수 있다는 것이다. 이런 삶은 하나님의 계획대로 그들이 세상을 축복할 수 있게 준비시키는 것이다. 요즘 세상이 필요로 하는 것이 바로 이것이다. 예수님을 닮은 삶을 사는 이들은 주님처럼 세상에 속해 있고, 예수님의 목적 — 아버지를 영화롭게 하고 사람들을 구원하는 것 — 이 바로 자신들의 존재 목적 가운데 하나라는 점을 증명하는 것이다.

한 가지를 더 덧붙이자면 예수님을 닮는 것을 실천하면서 은밀하고 치명적인 이기심이 깨어나지 않도록 무엇보다 조심해야 한다는 것이다. 이기심은 사람들로 하여금 명분만큼이나 자신을 위해서 예수님을 닮는 것을 추구하게 한다. 그런 사람들은 은총 안에서 두드러지고 하나님의 자비 안에서 높아지는 것을 좋아한다.

예수님은 제자들에게 말씀하셨다. "그러므로 하늘에 계신 너희 아버지의 온전하심과 같이 너희도 온전하라"(마 5:48). 여기서 온전함이란 가치 없는 사람을 사랑하고 축복하는 일이다. 그러므로 예수님을 닮는 것에 포함된 다른 특징들은 이 한 가지, 즉 하나님의 뜻과 영광을 좇으면서 사람들을 사랑하고 구원하는 삶으로 모아진다는 것이다. 주님은 기름부음을 받은 자, 곧 그리스도이시다. 하나님이 그리스도에게 기름을 부으셨다. 절망하여 포로되고, 묶여 있고 애통해하는 이들을 위함이었다.

기독교 사역이 많은 부분에서 진정한 거룩함이나 예수님의 영을 제대로 활용하지 못하는 것 같다. 하나님의 영광을 위해 죄인들의 구원을 삶의 목적으로 삼고서 분명하게 자신을 포기하지 않으면 진정으로 예수님을 닮은 거룩함은 존재할 수 없다. 주님은 우리에게 자신을 주셨기 때문에 우리와 다른 사람들에게 부지런히 선을 베풀도록 직접 요구하실 수 있다. 그분은 우리를 위해서, 우리는 그분을 위해서 살아간다. 이것이 바로 온전한 거래, 온전한 연합, 관심과 목적에 대한 온전한 인식이다. 예수님은 우리를 위해 구세주가 되셨고, 지금도 여전히 우리를 위해 구세주가 되신다. 예수님이 지상에서 시작하신 사역은 예수님처럼, 그리고 예수님을 위해서 계속된다.

우리가 하나님 안에서 예수님과 하나 됨으로써 가능해진 예수님을 닮는 삶의 내적 근원은 믿음과 기도, 하나님에 대한 의지와 교제의 삶을 통한 성장, 겸손과 거룩함과 사랑이라는 열매로 결실을 맺어야 한다. 예수님의 대표적인 특징과 영광은 그분이 이 한 가지를 위해서 살고 죽으셨다가 다시 살아나셨다는 것이다. 그것은 바로 죄인을 구원하시는 하나님의 뜻과 영광이다. 그래서 예수님을 닮는다는 것은 이렇게 요약할 수 있다. "오직 생명과 자비와 하나님의 영을 좇으면서 죄인들을 구원하시는 하나님의 뜻과 영광이라는 목적에 완전히 헌신하는 것이다." 하나님의 무한하신 은혜와 축복이 이 책을 읽는 독자들에게 함께하시길 기도한다. 아멘.